精准传达

完美沟通的 6 种技能

[日] 稻增美佳子 著　王方 译

中国科学技术出版社
·北京·

TSUTAERU TAME NO MITSU NO SYUKAN © 2011 INAMASU MIKAKO
All rights reserved.
Originally published in Japan by KANKI PUBLISHING INC.,
Chinese (in Simplified characters only) translation rights arranged with
KANKI PUBLISHING INC., through Shanghai To-Asia Culture Communication Co., Ltd.

北京市版权局著作权合同登记　图字：01-2022-3984。

图书在版编目（CIP）数据

精准传达：完美沟通的6种技能 /（日）稻增美佳子著；王方译 . — 北京：中国科学技术出版社，2023.4
ISBN 978-7-5046-9897-1

Ⅰ.①精… Ⅱ.①稻…②王… Ⅲ.①人际关系学—通俗读物 Ⅳ.① C912.11-49

中国国家版本馆 CIP 数据核字（2023）第 031766 号

策划编辑	杜凡如　杨汝娜	责任编辑	韩沫言
封面设计	创研设	版式设计	蚂蚁设计
责任校对	张晓莉	责任印制	李晓霖

出　　版	中国科学技术出版社
发　　行	中国科学技术出版社有限公司发行部
地　　址	北京市海淀区中关村南大街 16 号
邮　　编	100081
发行电话	010-62173865
传　　真	010-62173081
网　　址	http://www.cspbooks.com.cn

开　　本	787mm×1092mm　1/32
字　　数	96 千字
印　　张	6
版　　次	2023 年 4 月第 1 版
印　　次	2023 年 4 月第 1 次印刷
印　　刷	北京盛通印刷股份有限公司
书　　号	ISBN 978-7-5046-9897-1/C・221
定　　价	55.00 元

（凡购买本社图书，如有缺页、倒页、脱页者，本社发行部负责调换）

前言

能准确传达信息的 3 个习惯

感谢您阅读本书。

在日常沟通中,你常常会因为"为什么无法准确传达信息"而烦恼吧,本书就是为正在烦恼的你量身定制的。为了找到这个问题的答案,我们要先明确沟通的目的是什么,是为了准确地传达信息吗?如果你已经意识到了传达的重要性,那就从现在开始改变吧!

其实,沟通的真正目的并不是"你在表达",而是"向对方传达"。注意到这一差异,并将注意力集中在"向对方传达"上,你就能形成与以往截然不同的沟通方式。

我从事咨询工作已经 20 多年了,帮助了 7 万多人提高了沟通技巧。在此期间,让我切实感受到的是"沟通技巧的提高发生在某一个瞬间",而且,提高沟通技巧要从掌握一些诀窍开始。如果还能将其养成习惯,并灵活应用,你的沟通能力就会发生翻天覆地的变化。打个比方，就像游泳时跳水和换气一样，做动作的时候你是否有意识地去注意什么？例如，有意识地注意头部的姿势、肩膀的活动方式、身体的用力方式等，掌握游泳动作的诀窍，并有意识地养成习惯，最终游泳将成为你的一项技能。

对于商务人士来说，能否与对方有效沟通、能否将信息准确传达给对方非常重要，工作的结果和评价也会因此产生巨大差异。那么，你是想继续像现在这样随心所欲，还是想要养成有效传达信息的习惯呢？

为了更好地将信息传达给对方，我们应该注意什么？让我们集中关注"说""听（问）""看"这三个方面吧。你或许会认为这三个方面谁都能做到，正因为如此，有意识地去做好才显得很重要。有意识地培养好习惯，他人对你的印象和与他人的沟通结果都会发生很大的变化。

本书为了让读者能具体地学习"说""听（问）""看"这三个方面，将其分为了六种技能。通过了解这六种技能的诀窍，就能明确自己应该做出哪些改变。例如，"技能2：讲述方式"中的"那句话是你说的吗"，当再一次被对方问"这是什么意思"的时候，你在表达自己

前言 能准确传达信息的 3 个习惯

想法的同时，是否使用了能真切打动对方的表达方式呢？再如"技能5：看法"，当你和谈话对象面对面沟通的时候，你是否抱有这样的看法在和对方接触：此时此刻是在我人生中不会再出现第二次的奇迹。试着以一期一会[①]的心情去重视对方，你们的沟通结果就会有很大的变化。

这是一个小诀窍，希望你可以将这些细微的地方做好，并多多积累。不要错过自己一瞬间发生的变化，要有"只要做就能做好"的自信，并不断重复。

"将信息准确传达给对方"给你带来的益处是：

- 变得不再焦虑；
- 能够心情愉快地开展工作；
- 减少不必要的对话；
- 被人依赖；
- 让人觉得"这个人好像很聪明"；

……

这些益处会给周围的人带来积极的影响，大家都会

[①] 一生仅此一会的日本茶道精神。茶道在授艺时，师傅要求徒弟抱着一生中仅与面前的客人相遇一次的心情去真诚招待客人。——译者注

变得善于表达。

咨询和培训的工作是很严苛的,我要经常接受客户的评价。如果被客户评价"不明白""不满意",我会觉得对不起客户投入的宝贵时间和金钱。我强烈地感受到自己责任重大,认为必须想方设法做到最好才行,为此我也在不断地试错。本书正是以我在日常生活中的真实体验为基础创作而成的。

来自人力资源学院(HR Institute)的伙伴们充满爱心的严格反馈和与重要客户及合作伙伴的真诚交流,都让我学到了很多。一直以来,我对他们都怀有感激之情。此外,还要感谢在本书出版时给予我大力帮助的野口吉昭先生。

祝愿你通过沟通和传达,让生活充满更多的快乐和温暖。

稻增美佳子

目录

绪论 传达信息的 3 个习惯和 6 种技能

分解无法传达信息的原因 / 2

你和对方之间的两个鸿沟 / 8

说的习惯、听（问）的习惯、看的习惯 / 16

第一章 传达信息的"说"的习惯

突然被抛出话题时的回答能力训练 / 31

结构的支柱要有层次和主轴 / 44

专栏 1　咨询师的开会能力 / 60

用讲故事的方式讲述 / 62

内心和语言一致 / 66

通过"画面"和"意义"思考故事 / 73

经验之谈的结构 / 81

去掉语气词 / 88

专栏 2　咨询师的演示能力 / 92

第二章 传达信息的"听（问）"的习惯

对对方产生兴趣 / 97

培养提问能力的训练 / 102

通过封闭式提问创造节奏，通过开放式提问引出深度话题 / 105

锻炼回答问题的能力 / 113

专栏 3　咨询师的提问能力 / 117

不是回应对方的话，而是感受对方的心情 / 119

附和、点头是好的说话方式 / 123

把意识集中在谈话的目的上 / 130

专栏 4　咨询师的提案能力 / 134

第三章　传达信息的"看"的习惯

消除主观臆想 / 139

有意识地改变看法 / 144

为了听话人要集中精力说话 / 151

专栏 5　咨询师的谈判能力 / 154

你被人隔着滤镜看 / 156

负面滤镜通过日积月累形成 / 162

试着用对方的视角审视自己 / 170

有目的意识才能产生热情 / 176

专栏 6　咨询师道歉的力量 / 181

绪论

传达信息的 3 个习惯和 6 种技能

"说""听（问）""看"是我们日常沟通中理所当然会做出的行为，正因为如此，在我们与他人的日常交往中，想要养成良好习惯的态度才显得尤为重要。

分解无法传达信息的原因

自己在拼命地说，对方却完全不理解；自己说的话被对方完全误解了……这真的很让我沮丧，为什么我无法准确向对方传达信息呢？

这时，绞尽脑汁地思考只是在浪费时间。试着分解无法准确传达信息的原因吧。对问题进行分解后再思考是咨询师常用的方法，这样做能找出大部分原因，然后再思考对策。那么，试着对无法准确传达信息的状况进行分解的话，会发现什么呢？

（1）自己（说话人）。

（2）对方（听话人）。

（3）信息（目的、内容）。

以上三点中缺少任何一点都无法传达信息。即使自己和对方都在，如果想传达的事情，也就是第三点"信息"不明确的话也无法准确传达。因此，这里以"有信息"为前提来思考无法传达信息的原因。

为什么信息无法准确传达给对方？因为对方是别人，和自己不一样。或许你会认为这理所当然，但是出乎意料的是这很容易被人们忽略。例如，经历过日本泡沫经济时期的"能24小时工作"的部门经理、科长，或许他们潜意识里期望团队领导、小组成员也能同样不在意工作时间。假设周五早上，你向员工下达指示："这个任务有点急，不好意思，请在下周一早上之前完成，拜托你了。还有三天，应该没问题吧？"而员工却反驳道："可是这个工作把我的周末时间也搭进去了。"

这些员工和部门经理、科长不一样。部门经理所认为的"如果客户要求周一早上完成，那么准时完成就是理所当然的"这种想法就自然无法传达给下属。在这种情况下，如果你不采用具体的、更尊重对方的措辞，下属就不会主动行动。比如你可以说："实在很抱歉，今天能抽出1小时吗？A公司提出了紧急的修改要求，我们要配合修改。"

当然,年轻人眼中的上司、前辈也一样。上司、前辈和年轻人的经验、意识、知识、信息量都不一样,工作观和价值观也不同。如果对方和你有很多共通之处,比如青梅竹马、社团伙伴、同龄、同乡、相同职业等,就会增加有效传达信息的概率。相反,如果对方是与自己完全不同类型的人,那么彼此之间存在的种种不同就会成为横亘在自己与对方之间的鸿沟,阻碍信息的有效传达。

绪论　传达信息的 3 个习惯和 6 种技能

两人的差异

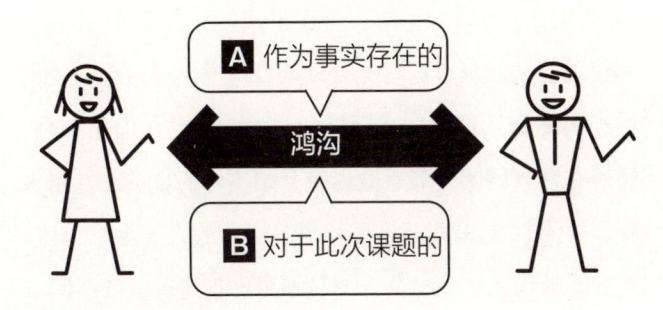

A 作为事实存在的

鸿沟

B 对于此次课题的

A　毫无办法的差异
性别、年龄、经验、学历、国籍……

重要的是不要拘泥于此

B　总会有办法的差异

意见、价值观、思想、喜好、兴趣

理解能力、信息量、技能、知识、智慧

通过调整传达方式可以消除差异！

虽然有些偏题，但现实是日本的公司比以前更需要员工具备准确传达信息的能力。日本的大企业一直以来都是同质性很高的组织，男性正式员工占多数。因此，即使彼此之间没有进行充分的语言沟通，也可以认为他们之间能相互理解，实际情况也确实如此。但是现在，随着在新兴国家开展事业以及开始工作的日本女性越来越多，男性正式员工需要和很多不同的人接触、交流。女性、外国人……这些人与日本男性正式员工的共同点很少。以前"不说也知道""看着他的背影就知道他要表达什么"等以心传心①的交流方式，现在只适用于一部分人了。

总结 自己和对方之间本来就存在鸿沟（差异），如果不以此为前提说话，就无法准确传达信息。

---

① 佛教用语，禅宗法师不用说话而将佛法的根本传与弟子，引申为心领神会、心心相通的意思。——译者注

绪论　传达信息的 3 个习惯和 6 种技能

强大的团队有准确传达信息的文化

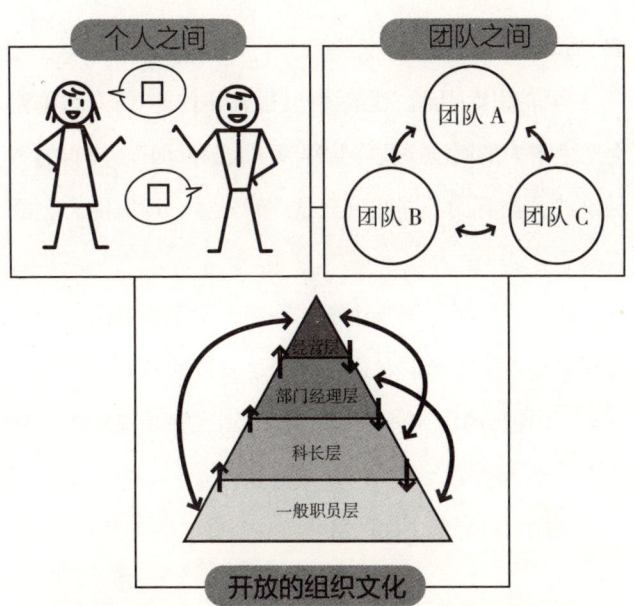

个人之间

团队之间

团队 A
团队 B　团队 C

金字塔：
经营层
部门经理层
科长层
一般职员层

开放的组织文化

有准确传达信息文化的团队拥有独特的传达方式

说的时候
听（问）的时候
看的时候

▌人和人的交往中体现了所属团队的习惯▐

让我们来看看什么是准确传达信息时所必需的吧！

你和对方之间的两个鸿沟

● **无法理解的"大脑鸿沟"**

当你在用大脑去理解对方说的话时,你们之间可能会产生很大的鸿沟,我将此称为"大脑鸿沟"。鸿沟的实质是彼此拥有的不同的信息量、知识量、理解能力、语言技能等。

请试着回想一下身边那些因别人不理解自己在说什么而焦虑不安的人。他们使用的语言很抽象,或者很难理解;话题分散,不知所云;他们到底想要说什么,听话人得不出结论。

例如,请想象下面的科室会议召开时的场景。

> 上司:"有件事要拜托你们,现在必须对3个月前的活动进行总结并写报告,请各位配合。报告可以使用业务报告文件夹中的销售活动表,文件夹里有填写样表。那个……表格分为用于定期举办和用于不定期举办两种,请注意。嗯……这次要用的是不定期举办的表格。(嘈杂声)那个……

下周的科室会上我会再次确认,我想大家都很忙,请多多关照。"

这一番话能传达给别人明确的信息吗?恐怕出席会议的人的脑海中会浮现下面的问题:

"3个月前的活动具体指哪次?"(→那时候举办了3次活动。)
"谁是对象?我也要写吗?"(→我没有参与不定期举办的活动。)
"哪个文件夹?"(→是企业内部创建的那个吗?)
"表格手写也可以吗?"(→因为出差不能使用公司的系统。)
"下周的科室会我将有事缺席。"(→也就是说,是不是可以不用做该任务了?)
"科室会上确认是什么意思?"(→那时再把表格带来?还是在会议之前提交?)
"截止日期是什么时候?提交给谁?"(→没说是

> 不是就意味着不是一定要做呢？）

　　这段话里充斥着不清楚的信息，信息量完全不够，并没有做到准确传达信息。既然如此，用提问的方式确认就好了，可也有人觉得麻烦所以不想提问。听话人就会根据自己的情况随意理解。

> 上司："可是，认真写完提交的人也有好几个呢，我的信息顺利传达了。"

　　确实，这些人很了不起。但是，理解能力和工作状况因人而异，何况还有出差的销售负责人。是不是有人无法理解这些信息，或者由于时间关系很难完成呢？请你试想一下，对方脑海中可能会有的信息。这样一来，你就会意识到刚才设想的问题的答案，原本就应该提前进行解释。对于解释之后出现的个别情况，再以接受提问的方式回答，否则双方都会觉得浪费时间，同时彼此间的负担感也会加重。

　　因此，请先思考"大脑鸿沟"是什么吧。

● 无法产生共鸣的"心灵鸿沟"

即使理解了上司说的意思和内容,也会有成员说:"嗯,我能理解,但总觉得无法接受。""我知道你想做什么,但为什么事到如今才说?"

为什么会出现这种情况呢?原因是他们之间产生了"心灵鸿沟",例如,问题意识、心情、价值观、工作观、常识等。这种情况下,成员的内心并没有和上司产生共鸣,彼此的内心之间存在鸿沟。

说到上文提到的科室会上的任务,成员的心情如下:

> "说到底,报告到底是为了谁而写的呢?"(→我现在这么忙……)
> "为什么过了3个月才让我们做这件事呢?"(→想必之前就知道吧,上司是不是忘记了?)
> "是必须总结吗?"(→有种被迫去做的感觉,应该以更主动积极的态度来拜托我们做。)

那些最终提交报告的人,是能在上司没有充分说明的情况下,自己主动找到文件夹里的工作表,提前自主采取行动的类型吧。那样的员工真是太棒了!但是,我们不可能期待大家都是这样的。

> 上司:"这些解释好像在跟小孩说话一样,如果是我的话,我反而觉得是在把人当傻瓜。"

的确如此,我们得明白,也有上述这样想的上司。

能不能消除心灵鸿沟,关键在于能揣摩对方的内心和情绪到什么程度,这取决于人的共情能力。如果总是习惯和相同类型的人针对相同主题进行对话,那么当他和不同类型的人进行对话时,就会觉得"信息可能无法准确地传达……",从而感到焦躁,感到有压力,或许你也有过这样的经历吧。

绪论　传达信息的 3 个习惯和 6 种技能

> **上司的指示到底能不能传达给成员？**

（上司）

　　不要过了 3 个月才让我们做这件事。

有件事要拜托你们，现在必须对 3 个月前的活动进行总结并写报告。

　　有种被迫去做的感觉。

　　到底是哪个活动？

　　报告到底是为了谁而写的呢？我现在这么忙……

请各位配合。

　　各位？也包括我吗？

　　哪个文件夹？

　　可以手写吗？

报告可以使用业务报告文件夹中的销售活动表，文件夹里有填写样表。

那个……表格分为用于定期举办和用于不定期举办两种，请注意。

嗯……这次要用的是不定期举办的表格。

大脑鸿沟　　心灵鸿沟

（嘈杂声）

　　我下周不在公司，所以我可以不用提交吗？

那个……下周的科室会上我会再次确认，我想大家都很忙，请多多关照。

　　截止日期呢？提交给谁？

13

现在我们再整理一下思路吧。传达的终极目标是"信息 = 目的",也就是达到说话人和听话人在大脑和心灵上达成一致的状态。为了达到目的,要彼此理解、接纳,并产生共鸣,在填补彼此大脑和心灵鸿沟后,最终达成一致。让参加会议的成员明白报告的必要性,并心情愉快地接受上司下达的指示,这才算是达到了传达信息的目的。

无论是从积极意义来看,还是从消极意义来看,现在的世界都是一个没有正确答案的世界。身处这样的时代,你如果不注意和对方的心灵鸿沟,就会面临越来越多无法准确传达信息的状况。即使你的逻辑正确,也无法传达信息。你是不是预感将来压力会越来越大呢?没关系,我们一起来探讨对策吧。

总结 虽然大脑可以理解,但是如果心里不想主动的话,也无法准确传达信息。

绪论 传达信息的3个习惯和6种技能

大脑鸿沟和心灵鸿沟

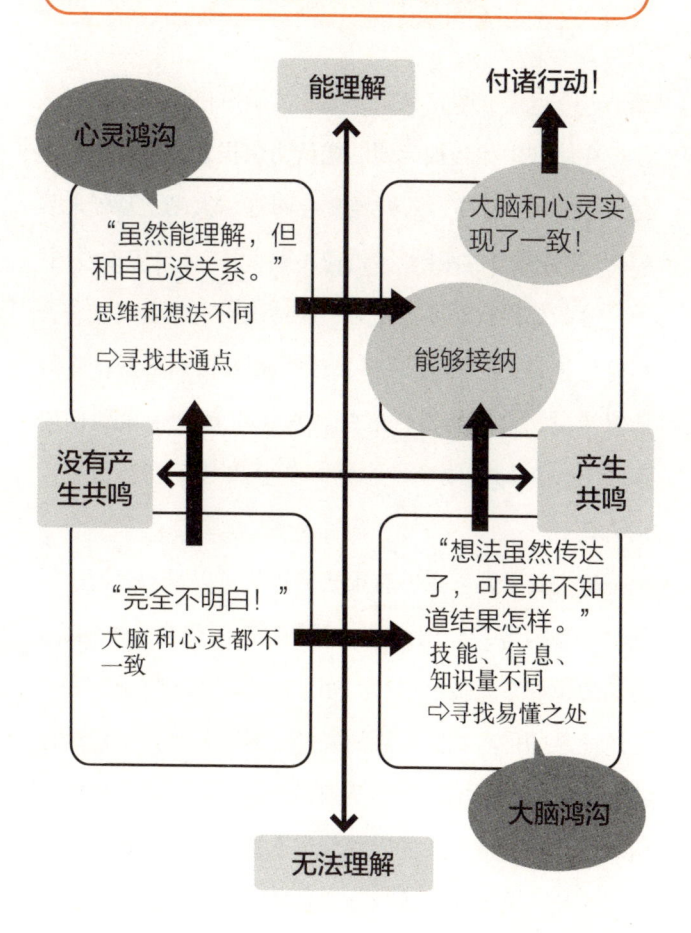

能理解

付诸行动！

心灵鸿沟

"虽然能理解，但和自己没关系。"
思维和想法不同
⇨寻找共通点

大脑和心灵实现了一致！

能够接纳

没有产生共鸣 ⇄ 产生共鸣

"完全不明白！"
大脑和心灵都不一致

"想法虽然传达了，可是并不知道结果怎样。"
技能、信息、知识量不同
⇨寻找易懂之处

大脑鸿沟

无法理解

说的习惯、听（问）的习惯、看的习惯

● 信息无法传达，并不只是"说"的问题

在培训中，当被问到"您认为怎样才能更好地传达信息呢？"的时候，人们经常会回答"大声、清晰地发声""看着对方的眼睛""语速不要太快""自信地说话"等，这些都很有必要。因为一般情况下，声音大比声音小好；说话人的眼神游移会让听话人感到不安；冷静地慢慢说、自信地说，这些在对话中都是很重要的要素。不过，即使改变了说话方式，未必就能把信息传达清楚。

举个例子，世界上有很多销售员可以口若悬河、语气恰当地向客户介绍商品，可是商品却完全卖不出去。他们的说话方式虽然没有问题，但却不能很好地向客户传达商品的优点和购买后的好处。对他们来说，说话方式并不是无法准确传达信息的原因。如果无法准确传达信息不只是说话方式的问题，那么你还能想到什么原因呢？在此，请大家也试着分解思考一下，请看下图。

绪论 传达信息的 3 个习惯和 6 种技能

说、听（问）、看的三个习惯和六种技能

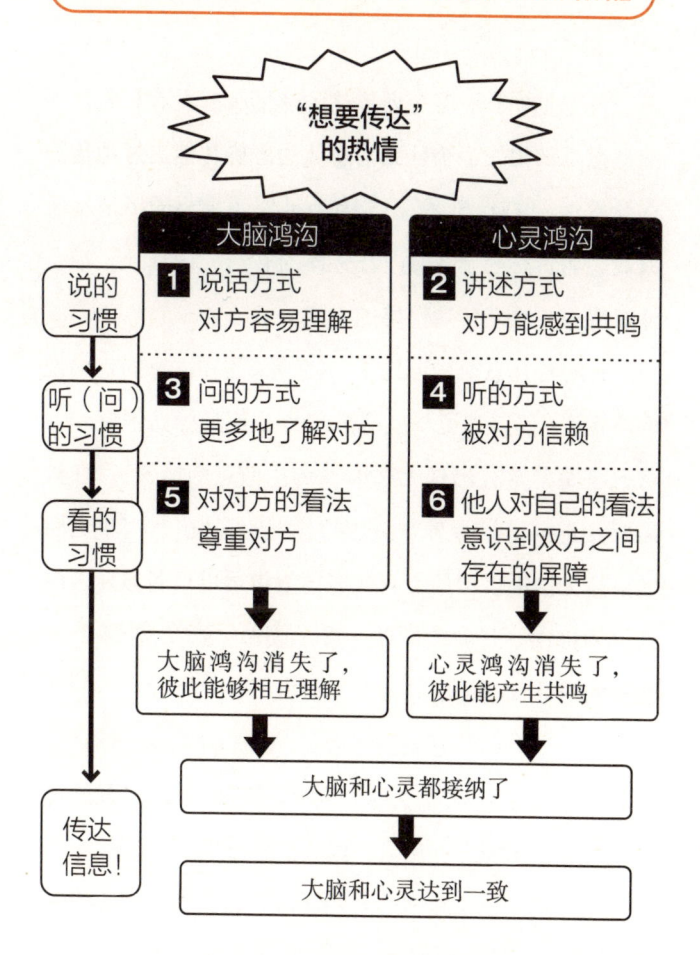

"想要传达"的热情

	大脑鸿沟	心灵鸿沟
说的习惯	**1** 说话方式 对方容易理解	**2** 讲述方式 对方能感到共鸣
听（问）的习惯	**3** 问的方式 更多地了解对方	**4** 听的方式 被对方信赖
看的习惯	**5** 对对方的看法 尊重对方	**6** 他人对自己的看法 意识到双方之间 存在的屏障

大脑鸿沟消失了，彼此能够相互理解

心灵鸿沟消失了，彼此能产生共鸣

大脑和心灵都接纳了

大脑和心灵达到一致

传达信息！

> "想要传达"的热情→消除大脑和心灵鸿沟→消除屏障→理解和共鸣→接纳→达到一致,传达信息!

首先是你有没有想要传达的热情呢?没有想要传达的意愿,却想知道为什么信息无法准确传达,这种情况在此次讨论的范围之外。"因为是如此重要的事情,所以我想告诉你!"请你抱着这样的心情,认真地、细心地对待想要准确传达信息的对象。

在有传达意愿的前提下,接下来需要注意的是"说的习惯"。仅仅"说"就能准确传达信息固然很好,不过,有时常常会出现无法准确传达信息的情况。这时,需要注意的是倾听对方说话的"听的习惯"。当单方面的信息无法准确传达给对方时,就需要催促对方发出信息,并接收、理解对方的信息。像这样通过"听(问)"的双向对话,就可以准确传达信息了。

不过,有时即使通过"说""听(问)"进行对话,也无法准确传达信息,这种情况下需要的是"看的习惯"。双方的臆想和成见,有时会阻碍信息的传达。这样一来,就不是大脑和心灵鸿沟了,而是大脑和心灵屏障(障碍),这相当严重。在这种关系中,无论双方说什么、听什么,都无法准确传达,而且双方关系进一步恶化的可能性很大。这时有必要通过"看",努力改变你对别人的看法和别人对你的看法。

● 说话方式和讲述方式

那么,首先从"说的习惯"开始介绍吧。"说"可以分为两种类型,一是有逻辑的说话方式;二是故事性的讲述方式。这里说的说话方式,是指使用正确的语法和措辞去说话,从而让对方更容易理解,这是传达信息的必要要素。就算你的普通话说得再好,如果你想到什么就接二连三地说出来,对方也无法理解。因此,说话不要跳跃,不要有逻辑矛盾,要依照总论、分论、结论等结构来说。一言以蔽之,就是说话方式具备逻辑性,这样可以消除大脑鸿沟。

另外,有逻辑绝非全能。即使逻辑正确,也有无法准确传达信息的时候。例如,向上司提交企划书的时候,企划书被上司逐一指出"这里不行""那里不好"等缺点,最后上司命令你重新写。的确,上司说的每句话都很有道理,让人没有反驳的余地。但是,虽然企划书的想法可能不够成熟,但都是你自己拼命思考,努力写出来的，当自己的努力被上司完全无视，还不分青红皂白地被命令"这样去做！"的时候，自己怎么也不愿意服从，不知不觉就摆出一副赌气的态度了。

"我明白你在说什么，却不想按照你说的去做"，这种情况在日常生活中经常会发生。不喜欢的说话方式、没有传达到工作热情和干劲、不喜欢对方等，发生这种情况有各种各样的原因。总之，如果听话人对说话人说出的话没有产生共鸣，那么他就不会付诸行动。也就是说，这不算是真正的信息传达。这是因为产生了心灵鸿沟。特别是从小学理科的人，他们往往认为只要正确地说明事实，对方就能理解，但沟通并没有那么简单。越是正确的观点，越会有反对的人。因此，传达信息的"说的习惯"中除了逻辑，还有另一个要素，那就是叙事（narrative），也可以叫"讲述"。

这是一种通过故事情节来引起听众兴趣、打动听众、引起共鸣的说话方式。比如，父母想让孩子知道人必须诚实地生活，比起直接说出来，给孩子讲述"舌切雀①"的故事更能加深孩子的理解。所谓叙事，可以理

---

① 日本民间故事，讲的是一对老夫妇和一只麻雀之间的故事。故事告诫我们做人要善良、诚实，不能贪心，不然会遭报应。——译者注

解为像讲述童话故事、神话故事那样的讲述方式。

从商业的角度来说,"这个吸尘器的轻便度在业界排第一",这句话逻辑正确。而"'现在的吸尘器都很重,拿着在两个房间之间移动不太方便。能生产出老人也能方便使用的吸尘器吗?'写着这些内容的明信片寄到了吸尘器公司的客户服务中心。那是三年前的事了,当时董事长看到那张明信片后……"像这样,从商品研发的经过开始讲述就是叙事。

此外,马丁·路德·金的"我有一个梦想"(I have a dream)、奥巴马的"我们一定能"(Yes, We can)等载入史册的著名演讲,几乎都带有浓厚的叙事色彩。或者可以说,那些被称为著名经营家的人,也无一例外都是叙事能力超群的人。

光靠数字和道理是无法打动人心的。我认真对待这个世界,我把自己的人生寄托在这项事业上,拥有这种罕见的热情,并且掌握将热情传达给对方的技能的人才能成为真正的引领者。但这并不意味着叙事比逻辑更重要。即使是能巧妙地利用销售话术吸引顾客的销售员,也有业绩不佳的时候。如果只侧重叙事,但说话缺乏逻辑,从观众的角度来看,虽然故事很有趣,但最终还是会因为不知道你想说什么而感到无聊，会认为"这个销售员太热情了，烦死了"而不购买商品。

正如以上所说，不是将逻辑和叙事中的一个放在优先位置，而是根据对象、主题区分使用。或者以逻辑为基础，再加上叙事，这才能起到很好的效果。逻辑和叙事是支撑"说话"这一传达信息习惯的两个支柱。请记住，缺少任何一个都无法准确传达信息。

● 提问方式与倾听方式

接下来介绍"听（问）的习惯"，即提问方式和倾听方式。传达信息为什么要养成好的"听（问）的习惯"呢？因为为了了解对方理解到什么程度，以及自己和对方的内心是否一致，在说话的过程中适当地向对方提问，确认对方的状况非常重要。如果善于提问，就能根据对方的回答，确认对方想知道的信息和想问的内容，然后就像直接向对方投球一样直接达到目的，传达信息的难度会大大降低，双方的大脑鸿沟也会变小。此外，为了弥补心灵鸿沟，要以真挚的态度听取对方的回答，抱着"我想了解关于你更多的信息"的心态好好地接受对方的回答。我作为心理咨询师，要想获得患者的信任，最重要的也是倾听。

● 自己对他人的看法和他人对自己的看法

最后介绍"看的习惯",即自己对他人的看法和他人对自己的看法。在听话人和说话人之间,不仅有语言和态度等能听见或看见的东西,还有一些听不见或看不见的东西。自己是如何看待对方的?是不是有主观臆断?如果有的话,那就不是鸿沟的问题了,两个人之间存在的是屏障(障碍),就像厚厚的墙壁一样很难推倒。如果抱有先入为主的消极成见,那就清除它后再重新开始吧。这种看不见的意识被称为"镜子法则",它会向对方传递负面的能量和振动频率。因此,我们不能主观地评价和判断对方,不要以单纯的好坏为标准去评价对方,清除你自己大脑中的屏障,原原本本地接受就好。

在此基础上,说话人在说话时要注意观察听话人如何看待自己。即使说同样的内容,根据说话人的性格和背景不同,听话人的反应也会不同。说话人能否察觉到这一点并努力改变自己的态度和言行,会对信息传达的效果产生很大的差异。听话人内心世界里的屏障,是信息传达最后的难关。

这些说话方式、讲述方式、提问方式、倾听方式、自己对他人的看法、他人对自己的看法，是实现"从表达到传达"的主要技能。总觉得很难传达自己想法的人，一定是其中的某一点或某些点有所欠缺。如果你能意识到这一点，相信你要表达的信息会更容易传达给对方。

那么，请回想一下你没能将信息准确传达给对方时的沮丧状况。在当时的情况下，以下6个问题中哪一个你会回答"否"呢？

> 前提：你真的有想要传达的信息吗？
> 要想传达信息，你必须要有想要传达的热情、使命感和责任感。令人意外的是，很多人有时并不知道自己想要传达什么。
> 问题1：你现在能把想要传达的信息写成简单易懂的一篇文章吗？
> 即使是一篇文章，也不能太长，一定要是听话人和说话人都能做出相同解释的、易懂的文章。简单最重要，如果文章的结构太复杂，说话人想说

的话太多，只会让听话人陷入混乱。

问题2：你是否张弛有度地表达了自己的想法？

不是普通的内容，而是自己的体验；不是抽象的语言，而是用具体的语言去表达。有没有让对方印象深刻的话语或内容呢？

问题3：你了解对方（立场、意识、能力）吗？

为了让对方理解、接纳你，并与你产生共鸣，要不断地提问并确认对方的相关反馈，这很重要。如果偏离了这一点，双方对同一信息的理解就有可能不一样。

问题4：你想从对方的反应和语言中了解对方吗？

通过认真倾听对方对自己说的话的回应和意见，能加深彼此之间的信赖关系。不过，在某些时候可能会产生不信任、不愉快和不安感。为了解决这些问题，我们需要认真倾听。

问题5：你对对方有没有先入为主的偏见呢？

你心里有没有想过"这个人是不会明白的"呢？切忌先入为主。如果你之前有过否定对方的想法，那就重启自己的想法吧。

> 问题6：那个人平时就对你有好感吗？
> 如果对方对你抱有消极的想法，即使之前的所有回答都是"是"，那也无法将信息传达给对方。因为问题在于对方的理解方式，所以很难准确传达信息，但只要我们明白这一点，就能想到相应的对策。

怎么样？问题1至问题6中，哪个问题你的回答是"否"呢？

信息没有准确传达的原因并不简单，沟通的6种技能分别对应问题1到问题6的6个问题。问题1回答"否"的人，可以参考第一章的技能1；问题5回答"否"的人，请从第三章的技能5开始阅读。另外，多数问题都回答"否"的人，请尽量从序号靠前的技能开始阅读。所有问题的回答都是"否"的人，没关系，从第一章开始按顺序阅读吧。读完本书后，你一定能学会与以往不同的表达方式。

总结 | 说话方式、讲述方式、提问方式、倾听方式、自己对他人的看法、他人对自己的看法，你的弱点在哪里？

绪论　传达信息的3个习惯和6种技能

说、听（问）、看

第一章 传达信息的"说"的习惯

- 技能 1　对方容易理解的说话方式
  ▶ 配合对方的状况、能力。
- 技能 2　和对方产生共鸣的讲述方式
  ▶ 配合对方的心情。

第二章 传达信息的"听（问）"的习惯

- 技能 3　了解对方的提问方法
  ▶ 更靠近对方。
- 技能 4　获得对方信任的倾听方式
  ▶ 对方想再多听一些。

第三章 传达信息的"看"的习惯

- 技能 5　尊重对方的看法
  ▶ 消除对对方的负面意识。
- 技能 6　使对方持肯定想法的方式
  ▶ 减少对方的负面意识。

第一章

传达信息的"说"的习惯

技能1：对方容易理解的说话方式——配合对方的情况和能力。

技能2：让对方产生共鸣的讲述方式——配合对方的心情。

要想消除大脑鸿沟，需使用有逻辑的讲话方式。要想消除心灵鸿沟，需使用叙事性的讲述方式。请在表达时注意使用这两种说话方式。

突然被抛出话题时的回答能力训练

● 在短时间内有逻辑地传达信息的3个规则

"请做1分钟的演讲，演讲的主题是狗。"

突然被要求做上述主题演讲的话，你会怎么做呢？

这是我在实际培训中进行的项目之一。对日本人来说，狗是非常亲近的朋友。所以，一般情况下，每个人的大脑中都会浮现关于狗的某种形象，例如：邻居家的斗牛犬；小时候被狗追逐的记忆；涩谷的忠犬八公[①]和宠物店的小狗，等等。以狗为主题的演讲可以说是很简单的。但是，如果要将这些信息转化为语言传达给听话人，能做到的人则少之又少。想必很多人会这样想："说到狗，嗯，是啊……啊，小时候我在家乡养了一条狗，名字叫小名，它是一只杂交狗，我负责遛小名……小名最喜欢散步了……"

虽然很多人暂且能开口讲了出来，但话题一会儿去了那里，一会儿来到这里，没有重点。当话题似乎讲完了的时候，为了填补时间，很多人还会讲一些和狗无关的话题，那么话题便会越聊越远。这样一来，这次演讲的结果就变成了听话人在疑惑"你到底想表达什么"。不过，即使是同样的题目，有些人的演讲却颇具价值，让听话人觉得"原来如此啊，是这样"。为什么会产生这样的差异呢？那就要看我们平时有没有意识到要为了准确传达信息而说话了。

如果你以为想到什么说什么，对方就能明白你说的

[①] 日本历史上一条具有传奇色彩的忠犬。——编者注

第一章 传达信息的"说"的习惯

话,那就大错特错了,你这么想是不会注意到对方的大脑鸿沟的。为了让对方理解自己想要传达的内容,就必须使用对方容易理解的说话方式。如果你不知道要说什么,也不知道按照什么顺序去说,往往会让听话人感到厌烦。

在日常生活中,你或许不会被突然要求"请谈谈关于狗的事"。不过,以下情况我想无论是谁都会频繁遇到吧。例如,开会时你突然被上司问到关于新企划的意见,或被偶然乘坐了同一部电梯的管理层问最近年轻人的流行风尚时,我们必须在数秒内将自己的想法进行简单总结,并准确地传达给对方。这时,"啊,是我吗?嗯……嗯……"如此惊慌失措的话,即使平时自己有很好的意见和想法,对方也无法理解,这会让你吃亏。这样就太可惜,太遗憾了。

为了让自己在突然被问话时大脑不会变得一片空白,请记住以下三点。

(1)先确定说话的主旨。

(2)考虑结构后再说话。

(3)用与对方相关的语言结尾。

● 在最初的 3 秒内决定说话的主旨

第一,先从确定说话的主旨开始说明吧。如果主题是狗,你可以考虑"动物中我最喜欢狗""不同国家的人对待狗的方式不同""不想养斯皮茨狗[①]的理由"等各种切入点。选出切入点后,做出决定"好,就这样开始吧",然后开始说话。但是,也有人很难决定说话的主旨。在这种情况下,诀窍就是从"喜欢、讨厌""养过、没有养过"等简单的词或词组开始,与此同时,最好能在 3 秒内决定主旨。习惯后,语言就能变得越来越丰富。

在选择切入点时,不要为了选哪一个而烦恼。在纠结该选哪一个的时候,请选择积极的(喜欢、赞成)词或词组,而且,一旦决定了就说出来,不要再犹豫。即使中途有了"咦?我刚才说喜欢狗,其实我可能没那么喜欢吧"这样的想法,如果已经以"喜欢狗"为主旨开始了演讲,不论怎样都要按照这条主线去组织话题并坚持说到最后。

如果想要表达的内容首尾一致,姑且不论听话人是

---

① 狗的种类,博美犬、秋田犬都属于斯皮茨狗。——编者注

否赞同自己的主张，听话人也能很轻松地理解自己想要表达的信息。但是，如果主旨在前半段和后半段发生了变化，听话人很可能无法理解说话人内心的微妙波动，自然也跟不上说话人的节奏了。于是，听话人只会认为"他是个说话容易偏题的人"。

当然，如果是训练的话，集中精力坚持当初决定的主旨就可以了，但如果是工作的话，就不能这样了。那么，该怎么办呢？

精准传达 完美沟通的 6 种技能

短时间内有逻辑地传达信息的三个规则

1
确定说话的主旨。

想要说的是什么?
说什么?

小时候的事情?
狗的事情?
小名的事情?

2
考虑结构后再说话。

于是呢?
接下来要说什么?
要说到什么程度?

其他宠物呢?小名后来怎么样了?

3
用与对方相关的语言结尾。

嗯……不过,或许和自己没什么关系。

小名很受宠爱啊,然后呢?

第一章 传达信息的"说"的习惯

如果你意识到说话过程中有可能偏离主题,再修正回主题就可以了。说话人要随时站在听话人的角度,思考对方如何看待现在的自己。请你有意识地运用后文要介绍的第六项技能——"使对方持肯定想法的方式"。如果听话人明显表现出疑问状态的话,那你就干脆重新开始吧。这时,你可以爽朗地笑着说一句"有点跑题了",然后快速顺利地说接下来的内容就可以了。如果听话人觉得你在敷衍他,那就真诚地说:"不好意思,我觉得我刚才说到一半让您的思维混乱了,请允许我回到第二点再讲一遍。"

"到现在为止,还有什么问题吗?"

"不知道为什么,我甚至都想问自己问题了,貌似已经偏离了主题。"

"我了解大家的心情。"

这样公开地表达出来就可以了。

不要使用借口,也不要辩解,而是要将"非常紧张"等感受用语言直截了当地传达给听话人,坦率地承认这一状况的话,听话人反而会善意地接受。请你调整心情面对接下来的谈话,并说:"深呼吸之后,后半部分我会尽量不偏离主题。"

● 结构由三个支柱构成

第二，说话时要考虑结构。"我喜欢狗！"不管你说得多么富有热情，如果说的话总是跳跃，或者没有充分的依据，就很难得到听话人的理解，也很难与听话人产生共鸣。因此，我推荐的说话方式是用三个要素来支撑自己的主张。例如，如果你想表达自己喜欢狗，可以举出"能一起玩""狗对主人忠诚""作为看门狗很可靠"这三个理由，然后总结出"我喜欢狗"。这样一来，就能明确地向听话人传达"你喜欢狗而不是其他动物"的意思，有助于听话人理解和接受。

作为依据的要素数量可以是两个，也可以是四个，但从便于信息传达的角度来看，还是三个为好。在商业领域，会将经营资源分为"人""物""钱"三种；市场营销理论中的3C分析需要从"消费者"（customer）、"竞争者"（competier）、"本公司"（company）三个方面构建框架，"三"这个数字出现的频率很高。因此，从给信息接收人带来的心理效果来看，三个是最好的。

列举三个要素，或许你在没养成习惯之前还做不好。因此，在习惯养成之前，你可以事先准备几个"易、近、短""心、技、体""舒适性、安全性、经济

第一章 传达信息的"说"的习惯

性"等框架，根据话题选择容易使用的框架就好。很容易就能找到的是一个字或两个字的词。例如，大与小、高与低、长与短、前与后、过去与未来，等等。思考两者中间的要素，是将其划分为三项的最简单的方法。例如，"大、中、小""高速、中速、低速""长距离、中距离、短距离""前进、停止、后退""过去、现在、未来"……但是，如果总是对同一个人说"以前是……现状是……未来是……"，就会让人产生"又来了"的感受。习惯了之后，也请你试着挑战破坏固有框架和模式。

精准传达 完美沟通的 6 种技能

分为三个框架

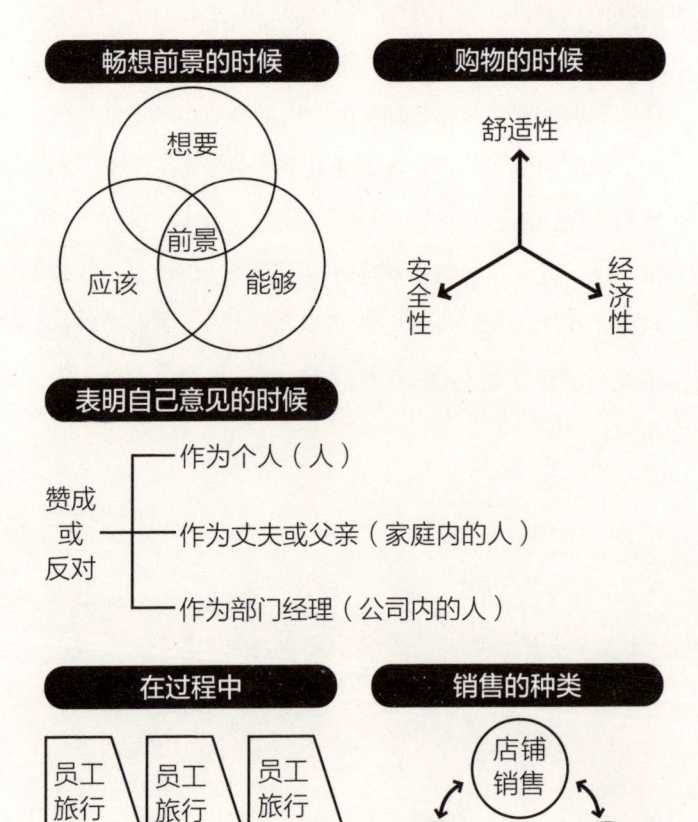

畅想前景的时候

- 想要
- 应该
- 能够
- 前景(交集)

购物的时候

- 舒适性
- 安全性
- 经济性

表明自己意见的时候

赞成或反对：
- 作为个人（人）
- 作为丈夫或父亲（家庭内的人）
- 作为部门经理（公司内的人）

在过程中

员工旅行的准备 → 员工旅行的实施 → 员工旅行的报告

销售的种类

- 店铺销售
- 访问销售[①]
- 网络销售

---

① 无店铺销售的最早形式，通过推销员访问顾客，给顾客看样品和目录，并口头介绍各种商品的性能，从而达到销售目的。——编者注

第一章 传达信息的"说"的习惯

● **通过向对方提问来结尾**

第三,用与对方相关的语言结尾。听话人明白说话人想说什么,也明白其中道理,但如果听话人认为这与自己无关,那就不能算是真正的信息传达。在商务英语写作课上,我学过"'You' instead of 'I' or 'We'"(用"你、你们"代替"我、我们"),也就是把对方作为主语进行信息传达。即使对不赞成你的人,也要认真传达信息之后再结束谈话,这非常重要。在谈话的最后以积极的提问结束就可以了。

精准传达 完美沟通的 6 种技能

> ## 最后向对方提出问题

我们公司很有信心地介绍了关于精算业务软件的要点，那么……（提问）	→ 也就是说，与现在相比，与精算业务相关的问题一定会减少，那么……（提问）
我想从下次开始在自己的博客上多写些内容。	→ 我今后也会更加认真地看成员们的博客，大家也请务必多多留言。
我们团队的成员都是精挑细选出来的精英，请多多关照。	→ 通过大家和我们团队的合作，可以将交货期缩短 2 个月，请多多关照。

嗯……

真的吗？我来提问吧。

可以以深入对话来收集信息。

第一章 传达信息的"说"的习惯

● 句子要短,句与句之间要使用准确的连词

那么,当我们意识到这三点后,还有一点需要注意,那就是要用简短的句子说话。因为简短的句子更容易传达。人们常说冗长的文章难读,其实说话也一样。请回想一下电视剧和电影的旁白。大河剧[①]、纪录片、旅游节目、艺术节目等,为了让观众能迅速听懂,每一句话都明确而简短,这给观众留出了充分思考和品味的时间,让观众享受余韵,所以观众很容易理解,能够顺利接收信息。

句子说得比较长的人,往往不使用诸如"但是""因此""所以"这样的连词,而是多用"嗯""呐"等语气助词。这和前文所说的"欸""那个"等语气词一样,都是因为一边说一边思考才会说出来的,等你回过神来的时候,你可能已经忘记自己要说什么了。为了防止这样的情况发生,要注意把句子缩短,在句与句之间适当地插入"但是""所以""就是说"等连词。这样一来,听话人在理解发言时就不会感到困难,说话人也更容易传达信息。

---

① 日本历史题材的长篇电视连续剧。——译者注

另外，就算话题偏离了主旨，只要句子短，马上就能回到主旨上来，而且直到最后主旨都不会偏离。一句话太长，等于自己把自己弄丢了。

> **总结** 被要求阐述意见时，要在三秒内决定主旨，提出三点依据，并用提问来结尾。

结构的支柱要有层次和主轴

● 讲完欧洲和非洲，突然接着讲大阪

难以传达信息的人有一个共同特征，那就是将不同层次的话语并列处理。这是产生大脑鸿沟的主要原因。层次不同是指词语涉及范围的大小、抽象程度不同。例如，"服装、食品、日用品"这三个词涉及的范围大致相同，而"服装、食品、洗发水"涉及的范围就不一样了。

在讨论欧洲和非洲今后经济前景的过程中，如果说话人突然说了"还有，大阪的经济……"这句话，"为什么突然说到大阪？""词语范围突然变得太小了吧？"

想必你会有这样的感受吧。这样会给人一种强迫他人进入自己感兴趣的领域或强迫他人听自己想说的话的感觉。如果想讲大阪的故事,一开始就应该把话题集中在伦敦、约翰内斯堡[1]等城市的层面。

大多数听众在听演讲时,都会事先预测接下来的故事情节。例如,假设议题是"改善新员工的沟通情况"。假设谈话的结构以"三项"开始。首先,"①报告"的质量比半年前提高了很多。其次,关于"②联络",联络失误的次数增加了。这样的话,你能想象接下来会是什么内容吗?因为有"报告、联络、商量"的菠菜法则[2],这是在新员工培训中经常出现的一个词,所以对方可以想象,接下来一定会围绕"③商量"继续讨论现状。但是,如果说话人说的是"由于联络失误,我比较在意的是③与外部合作伙伴的交流。新员工涉及的委托业务有三种",那又会怎么样呢?

"什么?和外部合作伙伴的交流?委托业务的种

---

[1] 南非共和国经济、文化、旅游中心,世界著名的国际大都市。——编者注
[2] 日本管理科学的一个概念,报告、联络和商量的日语词第一个发音与菠菜的日语发音相同。——译者注

类？第三项要说这个？要进入这个话题吗？"听话人大概会不知所措吧。这种违和感是层次差异造成的。

在同一语境中谈论不同层次的话题，不仅无法加深对方的理解，反而会招致混乱。这样一来，听话人的专注力会被干扰，信息就很难传达清楚。这种说话方式会让听话人的思维迷失方向。

"目前在哪里？你有没有迷路呢？""你有没有跑进小路？""目的地是哪里？快说到结论了吗？"这样的话语会让听众感到不安。当说的话由三个支柱构成时，支柱的层次一定要一致。没有自信的人可以在一开始就确定支柱是否在同一层次，明确表达"接下来就以此为主题进行谈话"的信息。

如果宣布今天的议题是"改善新员工沟通的情况"，那么紧接着你应该继续说："这次讲话是以'菠菜法则'，也就是报告、联络、商量这三点为切入点。"在一开始就明确三个支柱，听话人就非常容易听懂，他们便可以安心地听接下来的内容了。

到哪里去？走什么样的路？像这样完全未知的随心所欲的兜风，在私人生活中是一种享受、是好事，但在商务工作中会给人带来困扰。在公司内部的日常交流中，如果听话人内心一直提心吊胆、七上八下的话，他们就会感到非常疲惫。为了让听话人能够安心、从容地倾听，尽可能不要给听话人增加理解上的不必要的负担，请你务必将说话的内容组织得简明易懂。

● 围绕不同的主轴说话，会议就会迷失方向

另外，不仅是层次，统一主轴也非常重要。所谓"统一主轴"，就是指例如"苹果、香蕉、葡萄"是水果主轴；"红、黄、紫"是颜色主轴。"苹果、香蕉、紫色"这样的主轴是错误的。"大型店铺、中型店铺、新型店铺"，无法弄清楚其主轴究竟是规模还是风格，因为两者混杂在了一起。

在会议上讨论国际市场的时候，有人会突然提起国内市场的问题，还有明明是在说销售渠道的问题，有人却总是说自己公司商品的缺点。虽然发言人认为自己的发言与主题有关，但论点的主轴明显不同。如果被这样的人牵着鼻子走，会议就会迷失方向，无论花多久都无法讨论出结果。作为主持人的会议管理者可以通过可视化会议主题来避免这种情况的发生。

顺便一提，在会议上必须可视化的是讨论对象的范

围。比如，是部分还是整体？如果是部分的话，是按什么标准分类的部分？讨论对象是以怎样的战略概念（主轴）来分类的？如果决定了分类的主轴，自然而然就很容易看清楚整体对象的框架了。例如：

·对象的范围：日本国内销售。

·战略概念（主轴）：按渠道分类。

·框架：直销渠道、间接渠道、互联网。

如果以销售战略为课题，那么，可以制成树状结构或者矩阵结构的框架，你在会议开始时就应该加以说明："今天会议讨论的是这一范围，除此之外的内容下次再讨论。"并提前与所有参会者确认、共享这一前提。这样一来，即使有人开始讨论不同层次或框架的话题，也能立刻引起其他参会者的注意，提醒他回到正题，不会在讨论结束前偏离主题。

第一章 传达信息的"说"的习惯

如果层次和主轴偏离了……

这次的工作可真够辛苦的。

我现在有三个艰难的项目。

内容本身就很难，时间上也……

你在听我说话吗？

说起时间，下周就截止了……

对方的关键人物是个很难看透的人。

我以前也有过这样的经历。

毫无意义啊。

双方内心完全没有产生共鸣的对话，总是以自我为中心说话。

> **总结** "目的是什么?""什么是现在最重要的主题?"这样问自己,就不会在无谓的争论中迷失方向了。

第一章 传达信息的"说"的习惯

将会议讨论的对象范围可视化

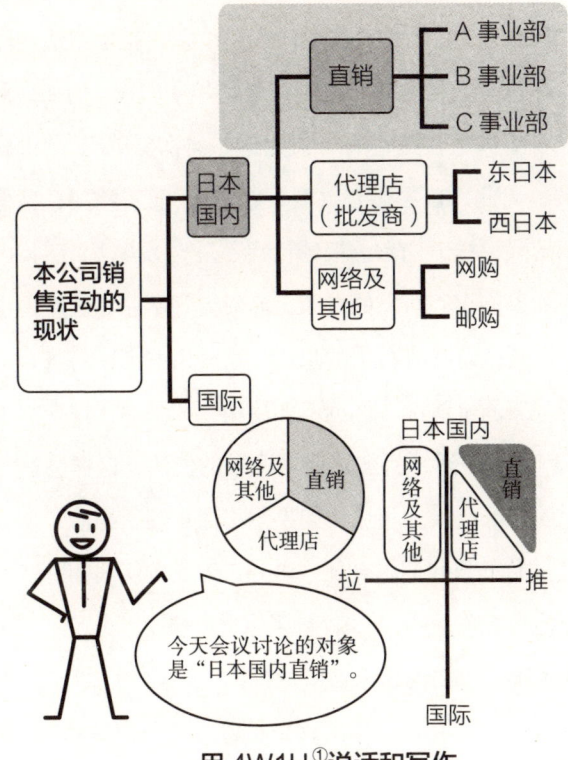

```
                              ┌─ A 事业部
                      ┌─ 直销 ─┼─ B 事业部
                      │       └─ C 事业部
                      │
              ┌─ 日本  │  代理店    ┌─ 东日本
              │  国内 ─┼─(批发商) ──┤
本公司销售     │       │           └─ 西日本
活动的现状 ───┤       │  网络及    ┌─ 网购
              │       └─ 其他 ─────┤
              │                   └─ 邮购
              │
              └─ 国际
```

今天会议讨论的对象是"日本国内直销"。

用 4W1H[①]说话和写作

---

① 一般认为,4W1H 指做什么(What)、为什么做(Why)、谁来做(Who)、什么时候做(When)、怎么做(How)。本书中的 4W1H 指做什么(What)、为什么做(Why)、谁来做(Who)、做哪个(Which)、怎么做(How)。——译者注

● 关键信息不是"什么",而是"为什么"

某公司在写产品策划的脚本时,有一个要求是要按照 4W1H 来写,因为 4W1H 能让信息更容易传达。不仅在写作时,在说话时也请务必使用 4W1H。例如,假设你希望你正在交往的对象无论如何都要减肥("做什么"),为此,首先你必须观察对方("谁来做"),就像投球游戏一样,先考虑把球投到哪里,对方才会听你的话。如果你担心对方的健康,而对方却不愿意健康地生活,而是抱着及时行乐的想法,这种情况下,与其和他强调健康的重要性,你倒不如使用"如果你比现在减少 5 千克体重的话,将会更受欢迎"的说法,这样会达到更加明显的效果。相反,如果他很注重健康的话,你最好说:"你知道代谢综合征①和'三高'②等疾病和肥胖生活习惯病有关系吗?""我希望你永远健康。"

关键在于要说这个话题的理由("为什么做")是否能触动对方的心。这样的理由被称为"关键信息",如果理由不是简洁的信息,你就无法传达出真正想说的内

---

① 人体的蛋白质、脂肪、碳水化合物等物质发生代谢紊乱的病理状态。——编者注
② 高血压、高血糖、高血脂。——编者注

容并让对方理解。如果不能用一句话概括出关键信息，那就证明你想说的话结构不鲜明。比起信息如何传达，你更应该致力于确定关键意见和主张。如果完成了这一部分，再提出多个减肥的方法，从中选择（"做哪个"），最后总结自己也会全力协助，一起努力吧（"怎么做"），想必这也不是什么难事。

4W1H中最重要的是"为什么你必须这么做"的"为什么做"部分，关键信息不是"做什么"而是"为什么"。

精准传达　完美沟通的 6 种技能

关键信息是"恐吓"还是"煽动"

说话的对象是在哪里的谁?

"谁来做"
"做什么"

传达给对方的内容是以什么为目的的?

"为什么做"
提出问题
▲
关键信息

提出问题,向对方传达做这件事的理由,对为什么我要向你说这些进行解释。
① ……………
② ……………
③ ……………

"做哪个"
从中选择

为了弄明白"做什么",通常要准备多个方案。
A ……………
B ……………
C ……………

"怎么做"
提示执行方案

选中方案后如何开展。
1. ……………
2. ……………
3. ……………

必须是决策者能够接受的原因。

第一章 传达信息的"说"的习惯

"为什么做"的要点

为什么做

提出问题

收集作为依据的事实,有逻辑地制订并验证提案所需的假说。为了让听活人同意"这个不合适"或"这个可行"。

对方听到你说什么会最受触动呢?

▼

* 对主题的问题意识。
* 相关领域里的重要主题。
* 能触动心弦的语言。
* 来自共同的问题意识所展开的主题等。

关键在于是否了解提案对象。

提案是"情书"。

精准传达　完美沟通的 6 种技能

那么，如果用 4W1H 来整理科室会上向参会者提出的任务要求，你觉得会怎样呢？请看下图。

用 4W1H 来整理吧

上司

有件事要拜托你们。现在必须对 3 个月前的活动进行总结并写报告，请各位配合。报告可以使用业务报告文件夹中的销售活动表，文件夹里有填写样表。那个……表格分为用于定期举办和用于不定期举办两种，请注意。嗯……这次要用的是用于不定期举办的表格。那个……下周的科室会上我会再次确认，我想大家都很忙，但还是拜托了。

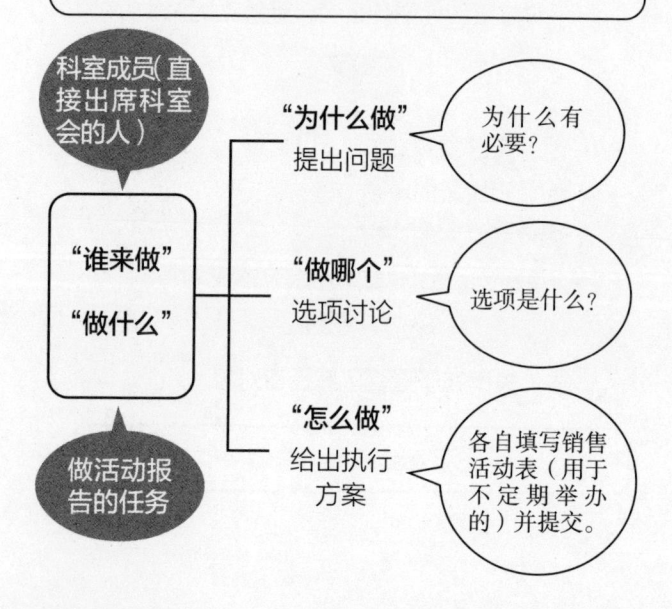

科室成员（直接出席科室会的人）

"谁来做"
"做什么"

做活动报告的任务

"为什么做"
提出问题 —— 为什么有必要？

"做哪个"
选项讨论 —— 选项是什么？

"怎么做"
给出执行方案 —— 各自填写销售活动表（用于不定期举办的）并提交。

第一章 传达信息的"说"的习惯

这样来看,科室会上的信息是不可能准确传达的。因为最重要的关键信息——"为什么做"没有被说出来,而且针对多个选项,也没有共同探讨大家都能够接受的方法("做哪个"),只给出了强加于人的做法("怎么做")。这样一来,听话人就会有一种无法接受的被强迫感。那么,我们来试着对"为什么做"和"做哪个"进行假设。

> "为什么做":负责人需要该活动的信息。
> 在"为什么做"层面,针对"为什么做"的回答很浅显。"然后呢?该怎么做?"或许有人会这么想吧。如果不能将理由变成目的,就无法传达信息,而且说明达成这个目的对自己是否有益也很重要。
> "为什么做":负责人要在电视节目《大地的拂晓》中,将3个月前的活动作为市场营销的成功案例向观众介绍(塑造企业形象,为销售额做贡献)。

这样一来,是不是目标变得更明确,更能激起大家兴趣了呢？但是，我想也有人会有这样的疑问："靠收集报告就能解决问题吗？"也就是说，有人怀疑"怎么做"的合理性。所以，"做哪个"很重要。在突然说出"怎么做"之前，要站在听话人的角度一起思考"做哪个"。例如：

> "因为是宣传我们公司形象的机会，所以想向负责人工藤董事提交翔实的报告。我想到的执行方式有以下三种，大家认为哪一种比较好呢？
> （1）收集并总结全员的报告，向工藤董事提交。
> （2）举办与工藤董事共享信息的会议，请全员参与。
> （3）选拔相关成员与工藤董事一同讨论。
> 我想听取大家的意见，并进行探讨。大家有什么意见吗？"

这时，有两三个人举起了手，然后交换意见。

> "其他人认为这样可以吗？谢谢大家的意见，对我来说非常有参考价值。那么，接下来请大家举

第一章 传达信息的"说"的习惯

> 手表决。在实施方案之前,我们事业部有可能会遭到上级的批评,被指责我们什么都没考虑,所以我先提出一个方案。我想,我们事业部先把全体成员的报告收集起来,整理后和大家共享。因为……"

按照这样的流程说出自己的想法,"为此,我认为最不会给大家造成负担的方法是……",基于此提出"怎么做"。你不觉得这样更能获得听话人的认同吗?

那么,在"对方容易理解的说话方式"方面意识比较薄弱的人,就应该像这样有意识地使用有逻辑的说话方式。即便如此,也许还是有听话人觉得听了你的话后"我的心没有被打动",原因就在于双方存在心灵鸿沟。试着考虑运用有效的讲述方式来准确传达信息吧。

总结 反复推敲"为什么你必须这么做呢"的"为什么"部分。

专栏 1
咨询师的开会能力

"我最喜欢开会了!"有这种想法的人应该很少吧。"开会?烦死了。"很多人都觉得开会是在浪费时间,这是为什么呢?因为很多会议并不是好的会议。

好的会议应该是让参会者认为:

- 离开房间的时候,与会议开始的时候相比,心情更舒畅了。

(→没有留下会议内容含混不清的印象。)

- 有正在推进、正在发展、正朝着目的努力的感觉。

(→不是停止、来回兜圈子、和过去一样的重复。)

- 每个人都很放得开,也有些紧张。

(→没有逃避责任,也没有自我辩护。)

为了营造这样的氛围,主办方要在全体参会者的对话产生交集和组合上下功夫,这是非常重要的。不是单方面的争论,而是在参会者 A 发言的基础上组合参会者 B 的意见,再把参会者 C 的意见组合在参会者 B 的意见上,激发大家一起完成讨论得出结论的意识。

不好的会议引导者无法公平地对待每一位发言者,即使发言者偏离了主题,引导者也不会将其拉回来,这样一来就降低了其他参会者的积极性。即使只有一个人,一旦有人产生"自己不在这里也没关系"的想法,这种负面氛围也会传染给参会的其他人。

"针对销售方的意见,如果从开发方的角度来看会怎么样?"

通过引导,找到众多意见背后所蕴含的会议的共同目的。听上去好像对立的发言,其实在考虑公司未来的想法上是一致的。

所谓会议,就是让好不容易聚在一起的成员共同创造成果的场合。如果将会议视为创造未来的场所,参会者肯定会喜不自禁。如果你是会议引导者,请先抱着这样的想法开始你的工作。

"现在,我正参加日后将会被歌颂的会议。"如果这样想,你的态度也会改变。

精准传达 完美沟通的 6 种技能

用讲故事的方式讲述

● 管理者要会讲故事

接下来,我们来谈谈讲述方式。踏入社会后,我的第一份工作与编程相关,那时我每天面对的都是汇编语言[1](assembly language)。简单来说,就是把"A"这个字母输入计算机后,指定让机器如何处理程序的语言。我的工作非常辛苦,不过,只要把指令正确进行编程的话,计算机就能按照我的想法运行。但是,如果对方是人,就做不到这样了。

> "我明白你的意思,但就是提不起干劲。"
> "什么?你是认真的吗?"

是的,因为人类拥有计算机所没有的情感。无论你用怎样的道理说服对方,如果对方打心底里不接受,不觉得"好,做吧",那么你想说的信息就没有在真正意

---

[1] 用于计算机、微处理器、微控制器或其他可编程器件的低级语言。——编者注

义上传达给对方。逻辑性固然重要，但仅凭这一点是不够的。要想让对方理解自己说的话，并与自己产生共鸣，进而采取行动，就必须在讲述方式上下功夫。

这就是叙事能力，把只有要素和框架的单调讲述方式改成用故事讲述，激发听话人的感情和想象力，这种讲述方式也可以被称为"讲故事"。请大家联想连环画剧中的旁白，还有小时候在枕边给我们讲故事的妈妈的讲述方式。

特别是对于管理者来说，叙事能力是他们必备的技能。如果不能很好地利用这项技能，就无法有效地调动成员的积极性，也不能很好地培养他们。因为虽然他们都属于团体成员，但每个人的性格、价值观、人生信条都不一样。如果管理者的语言表达不充分，未必所有人都能理解并采取行动。要想团结性格各不相同的伙伴，让所有人朝着共同的目标前进，管理者需要的是说话的能力，而不仅是自己能干的坚实的"脊背"。

美国通用电气公司的前首席执行官（CEO）杰克·韦尔奇（Jack Welch）在接受杂志采访时，对于"你认为自己作为管理者最优秀的地方是什么？"的提问，他是这样回答的：

> "我的母亲是爱尔兰人。"

爱尔兰有很多能创造出充满想象力的故事的人。杰克·韦尔奇的母亲很会讲故事,在童话故事中长大的少年,长成了一位擅长讲述的杰出管理者。

● **编讲能引起对方兴趣的故事**

话虽如此,但并不是说只要你的故事具有跌宕起伏的情节,使用比喻的修辞手法和吸引人的例子,使之仿佛浮现出情景般的充满情感地讲述,就能成为优秀的叙事者。当然,作为技巧,这些东西也有用,但还有更重要的东西,那就是说话人如何传达自己的内心。把自己的想法用语言表达出来,并不是一件容易的事。例如,在有管理层参加的演讲培训中,如果培训师让参加培训的人"用1分钟谈谈你的工作观",想必大家都能说出些内容,虽然内容有深有浅。有趣的是,演讲结束后,大家似乎松了一口气,还和旁边的人这样对话:

> "你一直是这么想的吗?"

第一章 传达信息的"说"的习惯

> "不是,只是脱口而出了。不过,说得不错吧。"
> "是不是有些过于'耍帅'了?"
> "是吗?我觉得挺不错的。"

这说明听话人并没有发自内心地被他的话所感动。就像这样,不知出于何种原因,无意中说出违心的话的情况,其实并不少见。在说话的过程中,会出现"明明不是想说这种话""为什么要说这种话呢"的心情,想必大家也有过吧。这时候,因为你的语言里没有灵魂,所以无法打动听话人的内心。如果忘记了这一点,你就会认为叙述性故事只是故事,一味地磨炼表演技巧,这并不能形成打动人心的讲述的力量。

在领导力培训中,如果培训师这样说:"请把你迄今为止觉得'想要追随这个人'的场景和情景全部展示出来。"你会听到一些深刻的、好的讲话内容。例如,即使不擅长讲话,表现得很木讷,但的确是一位懂得员工内心,值得信赖的管理者。当笨拙但认真的下属失去自信时,他会说:"我记得你喜欢铃木一朗[1]啊,他的话

---

[1] 日本职业棒球运动员。——编者注

里我最喜欢的是'练习是不会背叛你的'。我也这么认为。如果事先做好准备的你都做不到，那到底还有谁能做到呢？"这些话传达出了对员工的信任和关爱，其他成员也能从中感受到踏实地坚持下去的重要性。

编造的内容和压迫感也会传达给听话人。只要为听话人着想，就能知道听话人现在需要的是什么。然后，把焦点放在听话人珍惜的事情上，给予他勇气。哪怕是一件小事也可以，建议加入能引起对方兴趣的主题。

> **总结** 你的讲话能让下属或后辈保持积极、快乐的心情吗？

内心和语言一致

● 将思考内容转化为语言的自问自答能力训练

提高叙事能力的第一步，是使心和口（语言）一致。自己的真实想法和说话内容为什么会不一致呢？这不仅是因为对方和自己之间有鸿沟，其实自己的内心也存在鸿沟。你会不假思索地信口开河，先把脑海中浮现出的内容说出来，然后再接二连三地说出貌似符合逻辑的话，等回过神来发现把心里本没有在想的内容也说了出来。不论说什么，说完总是有"咦？我想说的是这个吗？"的奇怪感在心头萦绕。有此倾向的人，请一定要试着进行自问自答训练，即将思考的内容转化为语言的训练。

训练方法并不难。首先，"三周的休假，你打算做什么？""如何评价A公司的新商品？""你们部门需要什么样的人才？"像这样先决定主题向自己提问，然后自己回答就可以了。如果要形成有逻辑的讲话，可以从"玩耍、休闲、学习""设计、价格、性能"和"有行动力、抗压性强、有独特的想法"这三个切入点去组织你的逻辑就可以了。但是，如果是进行叙述性口才的训练，这样是行不通的。要把重点集中在回答的要点要略有不同、脱口而出的话自己能不能接受、自己有没有用心等上。

虽然想到了很巧妙的答案，但有时你还是会觉得哪里不合适，那是因为你的这个答案是借来的，而你的真实想法应该是别的。在找到之前，你要尝试彻底探索自己的内心世界。例如，假设主题是"想怎样处理邻里关系?"，经过深思熟虑之后，你的脑海中突然浮现出令人兴奋的想法:"对了，这样处理邻里关系的话就好了!"这才是你的真正答案。

坚持这样的训练，你就会渐渐明白，"我对世界上的各种事情，都是这样看待和思考的啊"。你会越来越关注细节，不知不觉在精神上拥有了自己的论点，你会发现自己之前没有意识到的信念。

实际上，下面介绍的针对管理者的训练，不仅对提高叙事能力有帮助，同时也能提供自己对自己的咨询服务。确认了自己的想法之后，继续强化对这个想法的认知，然后试着回答新的主题吧。

第一章　传达信息的"说"的习惯

明确自己的想法

> 我想把公司建设成更有活力、更有干劲的公司!

通过**自我吐槽**来明确!

"大家"是?
全体员工?
普通员工?
自己的同事?

"更加"是?
如何把握现在的状态?
"更加"是和什么作比较?

"有精神"是?
有精神的状态具体指什么?

更有活力?
例如,现在什么样的公司更有活力?

工作?
"工作"是指作业水平?还是工作整体?

公司?
是指公司吗?不是工作场合?范围是什么?

想做?
做到什么时候?是自己为主体去做吗?和谁一起做呢?

试着分解自己和别人的话,这样一来,模糊的对象就变得清晰可见了。

两个人一组，只给其中一人一张写有管理者讲话的卡片。

> "不想让他人看到的东西，不要一味地隐藏，要让它更加突出，更引人注目。"（本田宗一郎[①]）
> "组织不再依靠权力而成立，而是依靠信任而成立。"（彼得·德鲁克[②]）

用心读卡片上的话，传达给对方。然后，用这句话产生的灵感进行 1 分钟的即兴演讲。采取两人交替的方式，或组成三人组、多人小组，继续讲述 30 句以上的内容。想必应该会有很多赞成的信息以及无法产生共鸣的话。不过，如果你没有与他人产生共鸣，就诚实地向对方传达自己的心意："我不认同这句话，因为……"反复进行这种训练，就会对自己更加了解。然后，你就能明白什么是传达了。

演讲结束后，听众会共享这些信息，听众也会使用

[①] 本田汽车公司创始人。——译者注
[②] 现代管理学之父，其著作影响了数代追求创新以及最佳管理实践的学者和企业家。——译者注

演讲者本人喜欢的语言去表达。达到这样的效果后，就可以说对方注意到了自己的想法。

为什么说自己的信念很重要呢？因为扎根于信念的想法才是你内心的真实想法，而且表达内心的语言中蕴含着真正的感染力。有了这种真正的感染力，叙事才有了填补心灵鸿沟的力量。

能说会道的销售员想要编造打动人心的故事来销售商品，可是如果顾客不是真心觉得那个商品是好东西，顾客就会对商品的质量或效果等感到怀疑并产生提防心理，不会购买。因为无论你用多么巧妙的语言说服对方，如果你不是真心想说，是无法打动对方的。

那么，让我们来看看那些绝对不说谎的销售员吧。他不打算靠花言巧语来销售商品，而是拼命寻找自己要销售的商品的优点并向顾客宣传，这些优点是自己真正相信的。然而遗憾的是，不了解商品优点的顾客是不会购买的。但是，销售员没有说谎，他可以传达给能感受到商品魅力的顾客。另外，即使是面对不购买商品的顾客，销售员至少也传达了他对商品的想法。而且，如果销售员能掌握将自己的想法写成故事的叙事性表达的技巧，会怎么样呢？结果是如虎添翼，这样的努力肯定会给销售员带来更多的销售额。

此时，重要的是"不说谎"的信念不要只局限于本人，而是要与听话人建立联系。如果能站在听话人的角度思考，就能立刻明白其中的差异。试着站在听话人的角度，把"讨厌被骗"这件事分解一下会怎么样呢？比起单纯讨厌说谎，听话人更讨厌的应该是被骗、蒙受损失、不被尊重等。

但是，如果销售员的信念只能算是固执的话，又会怎么样呢？"谎言也是权宜之计""善意的谎言"这些根本行不通。是为了对方，还是为了自己？这是看清问题的关键。无论做什么事都要基于自己的信念来思考，为了与听话人建立联系而发言的人，在外人看来是"一根筋"的人。这样的人说的话令人信任，更容易传达给听话人，这也是理所当然的。

> **总结** 从了解"自己的信念是什么？"开始提高叙事能力。

通过"画面"和"意义"思考故事

● 首先要传达什么

"把你想传达的信息像讲故事一样讲出来,这就是叙事性表达。来吧,请创作一个精彩的故事吧。"听到这样的要求后,即使你说"好的,我明白了",也不一定能创作出精彩的故事,因为创作出打动人心的故事并不是那么容易。

下面分析一下叙述性表达的结构。请回想你知道的童话故事,《灰姑娘》《蚂蚁和蝈蝈》《因幡白兔》[①]……那么,在这些童话故事中登场的都是什么样的人呢?王子、公主、老爷爷、老奶奶、小商贩……还有鳄鱼、麻雀等动物,有时还会出现妖精等虚构的生物。作为背景的国家和时代又是怎样的呢?日本、欧洲各国;江户时代、中世纪……这些也都是千差万别的。虽说都是童话故事,但它们之间的差距还是相当大的。

那么,这些童话故事想表达的是什么呢?比如"不

---

① 日本文学著作《古事记》中的日本神话故事。——译者注

能说谎""勤劳是可贵的""欺负弱者自己迟早也会遭到报应""信任的重要性"等，你不觉得少得出人意料吗？也就是说，故事的数量并不意味着信息的数量，而是同样的主张采取各种表达方法不断变换，形成各种样式的故事流传下来。

这在现代也是通用的。日本著名动画师宫崎骏的作品、迪士尼出品的作品，还有手冢治虫[①]的作品，这些为什么能被全世界的人们接受呢？这在心理语言学中可以用"画面"和"意义"来解释。在有意义的故事、引起人们兴趣的故事中，都有"画面"和"意义"的存在。"画面"指的是场景、登场人物、故事情节的发展，隐藏在其背后的作者真正想说的就是"意义"。

话语的深处流动着的信息是什么？为了传达这一信息，应该让什么样的人物登场，故事的发展应该如何展开？这样分解思考的话，应该讲述什么样的故事才好呢？这时你的思路就会逐渐清晰起来。在叙事性表达中，比起展开话题的方式，"传达什么"更重要，这就是"意义"。如果你"想传达信息"的意愿本身就很弱，

[①] 被称为"日本漫画之父"，主要作品有《铁臂阿童木》《森林大帝》等。——译者注

或者不是你的本意的话,无论如何磨炼自己传达信息的技能,你的话语也只能是徒劳地被听话人置若罔闻,听话人并不会做出你期望的行动。例如,可以在"画面"中加入自己的经验之谈,谈经验更容易引起听话人的共鸣,将其作为叙事性表达的"画面"再合适不过了。具体的故事更能引起大家的兴趣。

精准传达 完美沟通的 6 种技能

关于"画面"和"意义"

特蕾莎修女是一个擅长讲故事的人,她讲了很多非常具体的事情。

画面1

一天晚上,一位年轻的女士来找我说:"我要结婚了,我想把攒下的钱都捐给您。"我问她为什么,她说:"我很幸福,我想和您那里的孩子们分享这份幸福。"

画面2

星期日的活动后,一个小男孩站在我身后,拿出一个小小的瓶子,害羞地说道:"我听说您家的孩子们没有糖吃,所以我有两个星期没有吃我最喜欢的糖,请把这些给他们吧。"

意义 **爱伴随着牺牲,正因为如此才有价值。**

每个故事都传达了"爱伴随着牺牲,正因为如此才有价值"的意义。"画面"要通过各种场景和登场人物来说明。

画面3

"我能做些什么吗?"一位女士这样问道。"那么,下次你要买漂亮的衣服时,请购买你想要的衣服一半价格的衣服,把剩下的钱用于帮助需要的人。"

画面4

"我也想做点什么。"他说着,用颤抖的手把所有的零钱都递给了我。这时,他只剩下一根抽了一半的烟了……这 70 卢比[①]要比捐出多余物品的富人的 1 万美元更有意义。

---

① 印度、巴基斯坦、斯里兰卡、尼泊尔和毛里求斯等国家使用的货币。1 卢比 ≈ 0.012 美元。——编者注

第一章 传达信息的"说"的习惯

例如,在商务场合,"啊?但是,上司的往事是不可能听到的啊。"我们似乎会听到这样的声音。的确,喜欢叙旧的上司一般都会被下属讨厌。但那是因为缺乏了叙事的必要要素。也就是说,"意义"中体现的"本质的、普遍的信息"并不明确。说话人是想要通过这个故事,传达给成员明确的信息,如果说话人没有这种意识,即便他讲述"我年轻的时候""以前是这样"的故事,也没有效果,反而听话人还会觉得扫兴,想"怎么又开始了"。

特别是在叙事性讲话的场合,如果说话人不从一开始就决定好"信息是什么""重点是这里"等要点就开始讲话,往往会导致内容浅薄、浮于表面。像"我刚进公司的时候……"这样没完没了地回忆,说话人没有明确想要传达什么,只是单纯地讲述自己过去的苦差事。当说话人终于形成了想要传达的信息——"所以,你们也要努力"时,能产生共鸣和感动的人想必很少吧。

● 寻找"心灵鸿沟",改变比喻

越是没有掌握叙事能力的人,越无法将看似没有共同点的不同主题联系起来。比喻是寻找共同想要传达的信息，把乍一看分散的点连接起来，并找到意义的方法。不管是什么样的对象，使用比喻的手法，就能和你熟悉的主题联系起来。尽管如此，有人还是认为与主题没有直接关系的话题无法吸引听众的关注。

其实并不是这样的。例如，如果你要向日本的家庭主妇解释日本的国家财政状况，与其直接使用经济学术语，不如将国家财政收支簿比作家庭收支簿更容易让家庭主妇理解。因为我想让更多的人拥有站在全世界的角度看问题的意识，所以我会假设"世界是个有100人的村庄"，这样一来，邮件很快就传遍了全世界。如果对方擅长历史，就可以用历史故事举例；如果对方喜欢棒球，在谈论组织论时就可以举出投手或接球手的例子，以对方喜欢或感兴趣的领域为例。

这时你必须注意的是，你需要一边说话一边仔细观察对方，想象对方现在可能存在的心理鸿沟。如果觉得对方不明白的话，就换别的比喻，或者中途改变说话路线，说"也有这样的例子"，向自己想要传达的想法与对方的心情重叠的方向修正轨道。即使讲话内容和你最初的计划不一样，只要最终传达出信息就可以了。越是扩大领域，成功的概率就越高。

第一章 传达信息的"说"的习惯

总结 | 观察听话人感兴趣的程度,并随时调整你的比喻和经验之谈的例子和方向。

精准传达 完美沟通的 6 种技能

如果是这样的比喻，信息就能准确传达给对方

索尼公司的盛田昭夫是著名的演讲家，他在讲故事时经常使用比喻的手法。

> "我认为日本的公司是神轿①经营，美国的公司是船式经营。"
>
> "知道对方的电波适合哪个频道，发出的电波自然会被接收，这就是交流。"

作为任何对象都能理解的表达的例子，我介绍了这样的故事。

> "正如干净的标准谁都能够理解一样，打扫干净的标准，是早上进入公园的婴儿，无论爬行到哪里都没关系的程度。这是美国迪士尼乐园的手册，该手册体现出了没有丝毫模糊的、清晰易懂的标准。"

---

① 日本民间信仰活动中，供神祇乘坐以进行出巡、进香等的重要祭祀用具。——编者注

经验之谈的结构

● 失败经历和挫折故事使人产生共鸣

听故事的人的脑海中,会浮现出和讲故事的人描述得一样的画面。共享着几乎相同的画面,这就是理想中的叙事性口才。但是,要凭空创造出如此栩栩如生的形象和场景,是极其困难的。这时,过去的经验就能派上用场了。但是,正如前文所述,如果只是单纯的回忆,就会产生反效果。为了传达想要传达的信息,请你试着探寻自己过去的经历。

例如,作为前辈的你想向后辈传达"要提高工作动力"。首先,你回顾了自己从进公司工作到现在的经历,像前文所写的那样,把"因为这个契机而提高了工作动力"的事情写在笔记本上。新员工培训时讲师的话、前辈送的书里的句子、同期员工之间竞争销售业绩的事情、第一次出差……应该有很多。然后,从中选取一个组织故事。但是,如果你只是原封不动地说出来,可能无法达到预期的效果。因此,你应该像电影剧本一样,按照以下顺序来组织故事。

> ①平稳→②事件→③困难→④达成。

　　那时发生的事情、别人说的话、当时自己的心情，把这些事情按照各个场景分条列出，最后进行总结，就能制作出一部张弛有度的电视剧。另外，电影中总是先出现令人印象深刻的场面，然后再解释出现那个场面的意义，这样的结构也不少见，但在叙事性讲话时，它会让听者感到混乱，所以应该沿着时间轴展开故事。

　　在创造的故事中，比起顺利的事情，你更应该强调失败和挫折，能让人产生共鸣的就是这些部分。不过，讲述自己不顺利的过去确实需要勇气，正因为如此，大家更会认真倾听你的故事。

第一章 传达信息的"说"的习惯

如果想传达"提高工作动力"

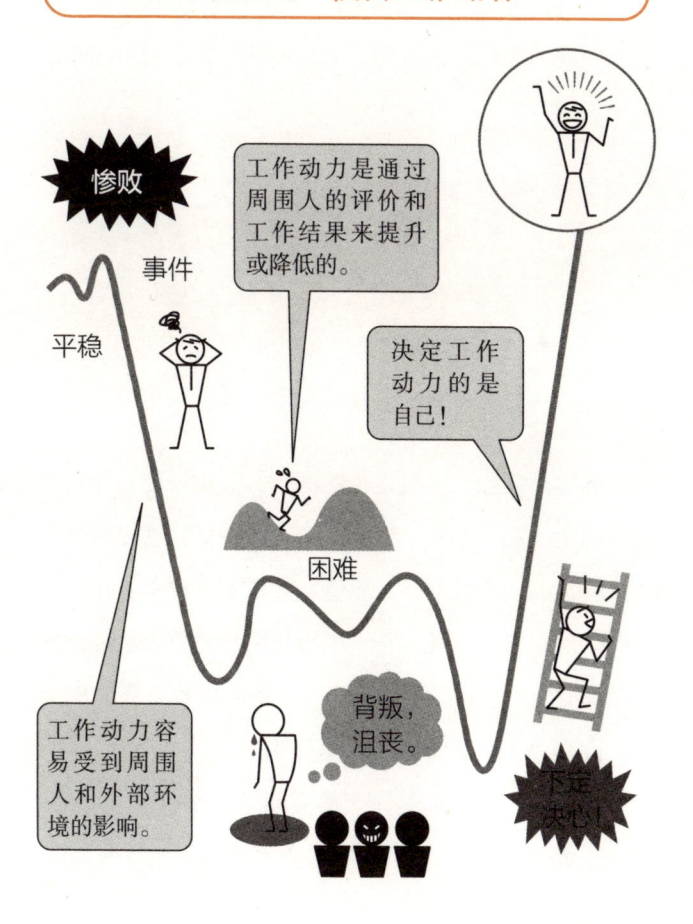

惨败

事件

平稳

工作动力是通过周围人的评价和工作结果来提升或降低的。

决定工作动力的是自己！

困难

工作动力容易受到周围人和外部环境的影响。

背叛，沮丧。

下定决心！

精准传达 完美沟通的 6 种技能

● 多使用形容词、副词、连词

最后，介绍一个说话的技巧，那就是多使用形容词、副词、连词。你认为下面的句子哪个更能引起听话人的兴趣？

> （1）"日本商事会社的社长换了，我也辞去了专务①。"
> （2）"日本商事会社的社长换了。而且因为害怕报复，我也辞去了专务。"

答案是第二个。只是传达事实，听众只会有接收信息的感觉。第二个句子因为有"害怕报复"这样的修饰语，听话人的印象加深，感觉就像在看电视剧一样，突然语言就带了叙事性，让人变得想要听。因为从传播的角度来说，"八卦"更加吸引人，和社长煞有介事的训话不同，"八卦"瞬间就能传播开来。

一般的、抽象的、笼统的话题是无法打动人心的。例如，假设想向部门经理传达"改善公司内部交流情

---

① 董事会的成员，相当于董事，通常负责辅助社长进行公司业务的全盘管理。——译者注

况"的信息。从逻辑上来说,这句话很简单。但是,改善、提高、进化、强化、削减……请注意这些通用的词。这些词非常方便,大家平时经常使用。不过,显而易见的是,没有人想"改坏"(改善的反义,越改越坏),这句话听上去理所当然,可是"然后呢"。

这是在大型企业中员工们经常使用的词。这句话听起来很舒服,没有人会反对,所以使用起来很方便。但结果如何,每个人都有不同的解释。一旦大家行动起来,由于每个人的工作方法不同,工作有可能无法顺利进行,而且完全不知道责任在哪,最终也就出现了工作无法取得成绩的结果。这样一来,心灵鸿沟只会越来越大。

我认为你可以试着让措辞更加尖锐一些。你认为什么样的交流方式有问题,你到底想改善什么样的交流方式?是沟通的量太少,还是质的问题?

> "让冷漠的交流多一些'废话',让气氛热烈起来吧!"
> "让做很多无用功的交流变得更轻松、更有效率吧!"

> "让内向的交流更外向吧！"

只要你能鼓起勇气说出来，对话就会更加深入。让每个人都赞成是不可能的。讨厌冲突的公司，员工们只会使用一些不痛不痒的语言，而这样是无法打动人心的。

在叙述性口才中，尤其要有意识地使用形容词、副词、连词，这些都是能打动听话人的语言。但是，如果滥用的话，听起来就像是编造出来的假故事，这一点需要注意。

总结 措辞要尖锐一些。一般的、抽象的、笼统的语言，是无法打动人心的。

第一章 传达信息的"说"的习惯

形容词、副词、连词的用法

用形容词表达明确的意志 ⇒ 总是问"明年要录用什么样的应届毕业生"。

（什么样的呢？）

- （即使驻外也乐意接受的）对要挑战未知领域感到非常兴奋的应届毕业生。
- 不畏惧事物的应届毕业生。
- 点亮职场的应届毕业生。

用副词表达想法 ⇒ 总是问"怎么完成年度目标"。

（怎么做呢？）

- 强化团队力量。
- 以开拓新客户为中心。

> 实际上，形容词和副词中加入了"战略"要素！

连词很重要

"亚洲企业正在增加国内市场的占有率。"

所以……	也就是说……	而且……	一方面……	但是……
因此……	即……	于是……	可是……	不过……

> 自己可以控制自己的故事，这只有句子短才能做到。因此，句子要短！

去掉语气词

● 语气词太多会显得没有自信

能否准确传达信息,不仅取决于说话的内容和结构,说话方式的不同也会造成很大的影响。在培训中,我最先指出的是"请把语气词去掉"。语气词指的是词与词之间的"啊""嗯""唔""那个""这个"等没有意义的词。

为什么语气词不好呢?因为如果掺杂了多余的语言和声音,话语就会变得很难听明白,更重要的是,语气词会带来负面效果,会使听话人感到不安。正如前文所讲到的,在科室会上传达业务委托工作时,上司在句首和句尾加上了语气词。在写文章时一般都会避免使用语气词,说话的时候也最好避免使用。之所以在说话的过程中插入"嗯""啊"等不必要的话,是因为在这期间,你在考虑接下来要说什么、怎么说。这些信息当然也会传达给对方。这样一来,听话人就会觉得"这个人是不是一时兴起说的?""说的内容是不是有谎言?"从而开始疑神疑鬼。对于没有自信的发言或随口一说,人们是不会认真倾听的。在需要好好表达自己意见的场合,语气词百害而无一利。

日本有些政治家之所以说话中会有很多语气词,是因为他们有很多难以启齿的事情吧。是不是在隐瞒什么?是不是有不想说的话?往往会让人产生怀疑。

● 谁都能轻易去掉

不过,只要经过训练,语气词肯定能去掉。迄今为止,我对7万多人的讲话方式进行了指导,没有一个人做不到"1分钟说话不带语气词",所以请你放心。

首先,不要突然说"啊",你应该先呼吸一下。然后,在决定说什么之后,用鼻子吸气,慢慢地开始说:"我最喜欢狗。"另外,尽量缩短一个句子,一个句子说完后,一边调整呼吸一边继续说。与练瑜伽时使用的腹式呼吸一样,请注意使用腹部(在肚脐下方,被称为丹田的地方)舒缓地呼吸。实际上,去掉语气词的训练也是维持平常心的自我控制训练。请你不要着急,冷静,和平常一样。不要在意他人的眼光,做真实的自己。

另外,姿势和眼神交流也很重要。挺直腰背看着听话人的眼睛说话时,不容易说出语气词。相反,如果总是低着头,眼神飘忽不定,说的话就会变得含糊不清,

"我想……嗯,那个……",会不自觉地加入很多语气词。请把自己当作演员去朗读台词。呼吸、眼神交流、姿势,请意识到这时的自己和平时稍有不同,抱着自己正在表演的意识,对着镜子朗读台词。那么这时,眼睛应该看着哪里呢?当你需要使用资料或幻灯片时,确实很难与听话人进行眼神交流,不知不觉就一直读下去了。而且明明不需要看,却不知为何把目光转向了资料、幻灯片和电脑上。大家是不是也这样?如果你是听话人,你会怎么想?说话人一次也不抬头,也不与自己对视。这样一来,听话人就会渐渐失去听的兴趣。说话人到底是在向谁传达信息呢?这样显得对听话人很不礼貌。因此,请你在每句话的最后一定要抬起头,端正姿势看着听话人。眼神接触、呼吸、姿势都是为了传达,是重要的交流方式。

只要说话时有意识地养成去掉语气词的习惯,你就一定能去掉语气词。这样一来,我保证你的表达方式产生的效果一定会增加两成。

总结 使用腹式呼吸法,注意并调整呼吸,端正姿势,看着听话人的眼睛说话,这样你在说话时就不会出现语气词。

第一章 传达信息的"说"的习惯

去掉语气词的方法

- 焦急是禁忌，慢慢地呼吸。
- 尽量缩短一句话，有意识地使用"主语+谓语"或分条列出。
- 站稳，身体的晃动会导致说出语气词。
- 句尾斩钉截铁，不要模棱两可。
- 注视听话人，目光不游移。
- 小声说话容易说出语气词，因此请大声清晰地说。
- 不要害怕，留出空隙，慢慢吸气，让自己冷静下来。
- 不要张着嘴，每说一句话就合上嘴巴。
- 听新闻主持人等的说话方式，模仿其说话节奏。

专栏 2
咨询师的演示能力

大家在要做演示时，肯定都会提前准备。不过一般来说，人们都会尽可能避免在众人面前说话。但是，一直逃避的话，当真正无法逃避的重要时刻来临的时候，很有可能成为你人生中的第一次演讲。遇到这种情况，你不是更有压力吗？

对咨询师来说，演示能力是必不可少的。但是，并不是所有人一开始都是高手。通过脚踏实地的努力，演示能力就能达到听众愿意听的水平。不管听众有多少人都一样。即使面对2000人说话，我们也会和平时说话的时候目光相对的人只有1个一样。在说话时，我们不能同时注视两个人。

能量也会通过手掌传递。展示自己的手掌、用手触摸……据说手掌会散发出某种"气场"。因此，把手掌展示给对方，会给人一种开放的印象，让人感到你的自信。握手的时候，请以手掌交叠的气势，向对方传达你的"气场"。

让身体动作变得优美，这是教养。一个小小的动作，就能表现出你的内在世界。例如，演示者展示资料的动作、坐在椅子上的动作、喝水时的动作等，全部都是传达给对方的信息。"我是为了让大家的宝贵时间变得更有价值，才站在这里的"，为了全面传达尊重听话人的态度，请用在表演的心情去做演示。

想要提高演示能力，最快的方法就是看擅长演讲的人的演示。然后，思考自己与其的不同之处。在网上可以看到各种世界名人的演讲。我推荐一个叫 TED 的网站，在 TED 网站上，世界上各个领域的佼佼者都展示了平均 15 分钟的演讲。在全球商业领域，已经到了打破"沉默寡言即美德"的束缚的时候了。

第二章

传达信息的"听(问)"的习惯

技能3：了解对方的提问方法→更靠近对方。

技能4：获得对方信任的倾听方式→对方想再多听一些。

缩小大脑鸿沟，用来了解对方的积极的提问方式；弥补心灵鸿沟，用来获得对方更多信任的朴实的倾听方式。试着意识到"听（问）"时的习惯吧。

对对方产生兴趣

● 针对对方可能提出的问题提前做好准备

为了能够了解对方是以怎样的心情来倾听自己说话的，我们需要在说话时不断观察对方。对方忍住哈欠、敷衍附和、皮笑肉不笑……这些都是对你说的话毫不关心的非常明显的表现。只要我们观察对方，便能立刻把握这些信息。不过，仅靠观察，我们很难搞清楚对方为何会产生这种心情。这种情况下我们该怎么办呢？

我们只要提问就好了。不过，即使你提问，对方也可能并不会诚实地回答你提出的所有问题。

> "那个，我的话很难懂吗？"
> "并没有呀。"

虽然对方嘴上这样说，但实际上他完全没听懂，这种事大家应该都遇到过吧。这样说是因为听话人认为向充满热情地讲话的人说自己没有听懂没有礼貌，或者他们认为如果说听不懂的话，有可能会被说话人看作不聪明的人，所以往往会装出一副听明白了的样子。你也有过这样的经历吗？

总之，由于人的感情非常复杂，因此囫囵吞枣地理解对方的回答是很危险的，还有可能会造成意想不到的误解。

如上所述，为了了解对方，我们有必要向对方进行提问，但肤浅的问题无法了解对方。提问其实是一门很深奥的学问。以前，我曾为某个通信公司的销售人员制作了应对顾客拒绝购买的话术，顾客拒绝措辞的种类并没有很多。

> "要节约经费，因此不买。"
> "所有公司都是一样的。"
> "我现在很忙，给我一个说明册就行了。"

诸如此类，顾客的拒绝措辞基本都是固定的模式。但是，如果销售人员在听了顾客的话之后说"啊，这样啊，不好意思"的话，那么这场生意也就到此为止了。在这种时候，若销售人员不能坚持下去，是做不成生意的。

此时最有效的方法就是提问。如果顾客说成本太高，你可以说："还有一种经济实惠的套餐，我有向您介绍过吗？"面对称自己很忙的顾客，你可以说："那么，等您有空的时候，我再来联系您。请问几点比较合适呢？"像这样，一定要对顾客进行提问。但是，比如"您说它贵，那么是和哪个公司的商品做比较呢？"这种追问式的问题是不能问的。提问的真正目的是通过继续对话，找出对方犹豫购买的真正原因。

实际上，虽然顾客最开始是以忙碌为理由拒绝的，然而通过一边提问一边谈话，销售人员就能逐渐明白，顾客真正不想购入的理由是他们认为引进一个新系统很麻烦，或者是自己不会设置系统。这样一来，销售人员就可以回答道："新系统的引进工作可以全部在电脑上完成，只要 30 分钟就可以做完。""如果有不明白的地方，客服中心 24 小时为您服务，您可以随时咨询，所以请您放心。"这样便可以消除顾客内心的不安。

不过，即使是有应对话术，若只机械地提问，同样很难理解对方的真实想法。重要的一点是，我们需要发自内心地想知道顾客为何不安以及他们关心的点在哪里。也就是说，要对对方产生兴趣。如果抱着"无论如何也要帮助客户消除这种不安"的心情去问，这种心情就会通过你的语言和声调表现出来。

另外，在条件允许的情况下，事先做好提问的准备这一点也很重要。我们需要事前掌握顾客的相关信息，提前准备好如果自己是顾客的话希望被问到的问题，例如如果顾客突然提问："贵公司新商品的销售情况如何？"这就太直截了当了。因为如果客服人员是行政部门的人，则可能无法掌握新商品的每日销售数据。这种问题很可能会让对方出丑。此时，引导性提问就很重要。

> "贵公司的推特上不断出现关于新商品的讨论。负责人是行政部门的您吧。每天的评论数量应该超过了100条吧?"

根据这个问题的回答,可以将提问方向转变为深入挖掘新商品的话题,或者是应对推特上留言的辛苦的经验之谈。但是,说不定科长最不擅长的便是信息技术和使用外来语。你需要一边确认对方会不会反问"推特是什么?"一边继续你的谈话。一旦发现对方不擅长信息技术,则要尽量模拟接下来的谈话内容。为了不出现大脑鸿沟,需要掌握对方的理解能力和个人情况。

总结 | 尽可能事先了解对方的信息,进行引导性提问,这才是一个好问题的关键。

培养提问能力的训练

● 你能对面前的塑料瓶提出几个问题

一般来讲，日本人不擅长提问，他们更倾向于沉默地听别人说话。特别是在和长辈以及有权威的人说话的时候，插嘴被认为是一种不礼貌的行为。也许正是因为在这样的文化下长大，日本人才倾向于沉默地听别人说话吧。与欧美人相比，日本人提问的次数少得可怜。因此，即使我在培训班中催促大家"请提问"，也很少有人会提问，他们不知道该问什么好。但是，你不提问就无法深入了解对方。我在本书中已经多次提到，不提问就无法将自己的话传达给对方。

那么，如何做才能顺利地提问呢？在我的培训班中，我首先让学生们习惯大量的提问。我以前体验过一项针对美国记者的训练，那是一种"试着向所有的物品提问"的游戏，效果很好。在进行这项游戏时，人的大脑会为了能不断地提出问题而运转。

首先，请你环顾四周。手表、电话、圆珠笔、笔记本、桌子、塑料瓶……试着向其中一个物品提问。此处

第二章 传达信息的"听（问）"的习惯

重要的是，你要假设这些并不是单纯的物品，而是一些和你一样有思想的物体。那么，试着向塑料瓶提问吧。

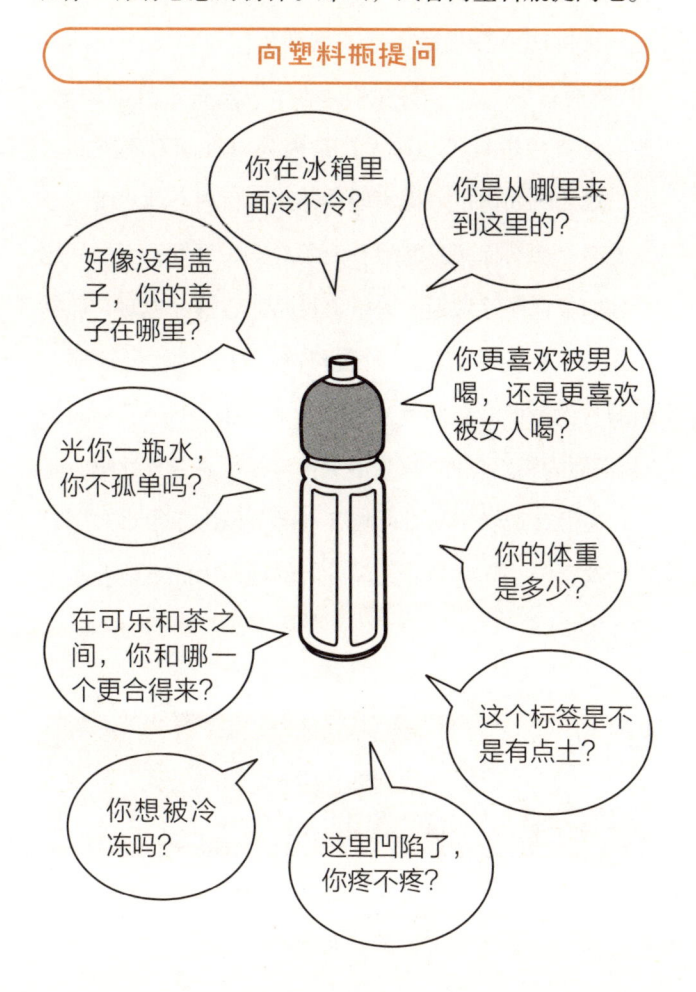

向塑料瓶提问

- 你在冰箱里面冷不冷？
- 你是从哪里来到这里的？
- 好像没有盖子，你的盖子在哪里？
- 你更喜欢被男人喝，还是更喜欢被女人喝？
- 光你一瓶水，你不孤单吗？
- 你的体重是多少？
- 在可乐和茶之间，你和哪一个更合得来？
- 这个标签是不是有点土？
- 你想被冷冻吗？
- 这里凹陷了，你疼不疼？

你提出了几个问题？你卡住了吗？像上图那样提问就可以了。像这样，对一个物品至少要提10个问题。

我将这个游戏运用到了培训班中，很多人在问完"制造商是哪家？""容量有多少？"这种常规问题后，提问便难以进行了。这无非是因为对提问对象不感兴趣。对人的采访也一样。如果并非发自内心地想听这个人说话，那么你就只能问有关故乡、兴趣等表面的问题了。如果你能够做到一边想象物品的心情一边对它们提问，那么你同样也能对人做到这一点，这就是这项训练的目的。此时，问题不再是"制造商是哪家"，而是"孕育你的妈妈是谁"，你不觉得这样更具叙事性吗？

虽然参加者之间可以相互提问，但由于很难向别人提问这种隐私问题和心灵深处的问题，因此不适合作为训练来进行。

总结 | 通过提问的内容可以看出对方感兴趣的程度。

通过封闭式提问创造节奏，通过开放式提问引出深度话题

● **通过提问修正假说**

提问分为封闭式提问和开放式提问两种。封闭式提问指的是像"你是公务员吗？""你喜欢寿司吗？"这种在对方被问到这个问题时可以用"是""不是""不知道"等来回答的问题。另外，在5W1H[①]中，也有能用"1日元""NTT[②]"等单词来回答的问题。"她是什么样的人？""你说了什么？"像这种必须用句子来回答的问题就是开放式提问。

善于提问的人，首先会通过容易回答的封闭式提问来创造节奏接近对方，通过投接球形式来创造对话的节奏。

---

① 指对象（What）、场所（Where）、时间（When）、人员（Who）、原因（Why）、方式（How）。——编者注
② 日本电报电话公司。——译者注

问题的 2 个种类和 3 个目的

封闭式提问

可以用"是"或"否"来回答的问题。

例 "能……吗？"
"……多少岁了？"
"……多少钱？"

- 确认
- 结束
- 达成共识

开放式提问

无法单纯用"是"或"否"来回答的问题。

例 "你是怎么想的？"
"你觉得有什么办法？"
"你觉得这是因为什么？"
"具体是怎么一回事？"

- 引出
- 加深
- 扩展

通过 3 个目的来区分问题的使用

在引导时，为了缩短与对方的距离而提问。

"贵公司在业界里因……的特点而备受赞誉……"

缩短与对方距离的问题

"不过，从……方面来考虑如何呢？"
"是不是还有其他的切入点？"

"总之，……很重要对吧？"
"从……角度来探讨怎么样？"

引出

扩展话题的问题

通过拓宽与对方的对话，掌握对方面临问题的整体情况。

加深话题的问题

用来寻找解决方法的深度问题。

第二章 传达信息的"听（问）"的习惯

此外，在想要进一步深入了解对方时，我们可以使用开放式提问。转移到开放式提问的过程是渐进的。在引出对方更深度的话语之前，要先创造一个容易回答的状况。但是，不擅长提问的人往往会突然从"你现在对什么感到不满？""下一期的经营课题是什么？"这样的开放式提问开始。就算他们是真的想得到这些问题的答案，到最后也只能得到"你突然这么问，我也说不出来""为什么一定要跟你说呢"诸如此类的回答。

在回答高难度的问题时，对方也需要做准备。准备好选项，一点一点地把对方的想法弄清楚。以这样的方式来提问的话，自己的想法就会渐渐变得明确，自己也会因为谈话很有条理而心情愉悦。

封闭式提问是一种习惯。如果你和朋友一起进行以下训练，那么你的进步将会突飞猛进。

封闭式提问和开放式提问的训练

和著名女主播见面了!

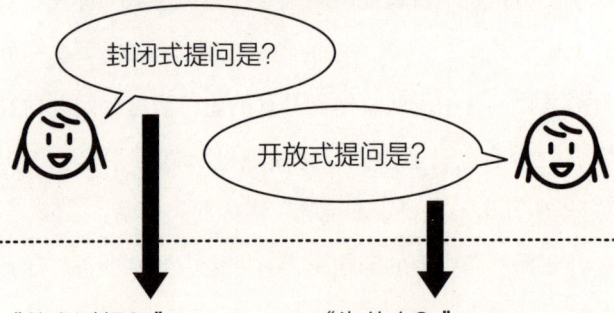

封闭式提问是?

开放式提问是?

"什么时候?"
"你在哪里?"
"大约几分钟?"
"是为了他吗?"
"你和谁一起?"
"好看吗?"
"你是粉丝吗?"
"你是第一次见她吗?"
"还有机会吗?"

"为什么?"
"她是什么样的人?"
"你说了什么?"
"你有什么印象?"
"你觉得怎样才能见到她?"
"你对什么话题感兴趣?"
"你会和什么样的人结婚呢?"

第二章 传达信息的"听（问）"的习惯

①先确定领域，然后独自回想与该领域相关的词；②由另一个人提问。被提问的一方只能回答"是""不是""不知道"；③在规定时间内猜中的话，则提问者获胜。

假设领域是体育，被提问者的回答是"剑道"。

> "球赛吗？"→"不是。"→"使用道具吗？"→"是的。"→"一对一吗？"→"不知道。"（因为也有团体赛）→"是日本的武道之一吗？"→"是。"

这样进行下去。

此处有一个提问诀窍，即寻找能一下子减少总数的尖锐问题（必杀提问）。例如，若你问"是球赛吗"，那么根据对方的回答范围会大幅度缩小。但是，对于"是乒乓球吗？"这种问题，对方只能回答"不是"，从而只有乒乓球这一选项能从候补中消失。这样一来，提问就失去了意义。另外，我们还可以从其他角度来切入提问中的运动这一属性。比如"是奥运会项目吗？""在室外进行吗？""这种运动比拼速度吗？"等。如果你不能在一次次的提问和回答的过程中，形成"应该是这个吧"的假设并为了验证这个假设而提出问题的话，那么这项训练就会陷入僵局。

● **不要提没用的问题和含糊不清的问题**

不要问没用的问题，这一点很重要。在将答案锁定于使用道具的日本武道后，即使你问"是击剑吗"，对方的答案也肯定是"不是"。这种没用的提问是无法填补大脑鸿沟的，反而扩大了鸿沟。同样也不可以问含混不清的问题。如果你要问大小，那么你不应该问它"大吗"，而应该问"直径 10 厘米以上吗""比这张桌子大吗"。

"这项运动受欢迎吗？""日本人也做这种运动吗？"这种问题也让人无法回答。由于受欢迎程度因个人主观感受而异，因此对方无法回答是否受欢迎；而即使有日本人从事这项运动，但其他国家的人也有可能从事这项运动，所以对方无法明白你问这个问题到底为了确认什么。你需要考虑对方是否容易回答后再进行提问。

接下来，我们介绍会被反问"刚才不是问过了吗？"这样的问题。在明明对方已经回答"不是球类"的情况下，你却问"是手球吗"；明明对方已经回答是

"室内",你却问"是短跑吗",这样的话,你很有可能会被认为没有认真倾听。

明明你那么惊讶地发出"哎!"并探着身子倾听对方回答,随后却又问对方:"那么……你有兄弟吗?""我刚才不是说自己是独生子了吗!"这样的话,你被认为是一个记忆力和理解力都非常差的人也是理所当然的事了。

做了这些训练之后,你就会明白,提问并不是盲目的,而是要在大脑中建立起假说,并通过一个个提问来修正假说,否则无法得到答案。这就是提问的进步。

总结 没用的、含糊不清的、相同的问题永远无法接近对方。

精准传达 完美沟通的 6 种技能

> **有效问题的流程**

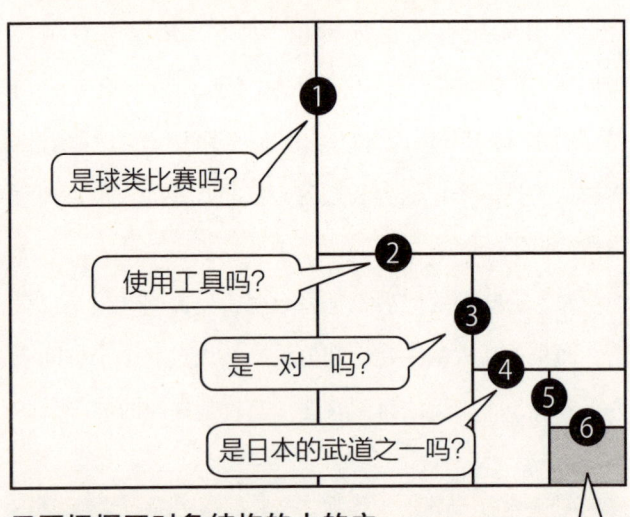

❶ 是球类比赛吗?

❷ 使用工具吗?

❸ 是一对一吗?

❹ 是日本的武道之一吗?

❺

❻

只要把握了对象结构的大的主轴,就会出现"必杀问题"(消除一半的可能性)。

有效率地找到满意的答案。

从大框架到小框架,一边建立假设,一边依次缩小范围。

锻炼回答问题的能力

● 改变视角阐述三个理由

不仅你会提问,对方当然也会提问。因此,回答问题的能力和提问的能力都必须加以锻炼。当你向管理层说明一线员工的工作积极性下降时,如果被对方反问道:"那么,你对我们的顾客满意度(CS)是怎么看的?"这时你会怎么回答呢?

如果回答得模棱两可,那么你就会被管理层认为"什么都没考虑"或"没有自己的想法"。不过如果问的是你之前从未考虑过的问题,那么确实很难做到立刻回答。但是,在对方的问题里有着明确要传达的中心思想。

提问的人可能不是因为想听你的意见才提问的,而是想通过你的回答来弄清你是否认真思考了。所以,我们必须要避免一边烦恼着"怎么办啊?""嗯……"一边让时间在沉默中流逝。总之我们要立刻回答。

回答的方法是第一章所述的三个规则。

> "最近关于顾客满意度没有什么特别的话题。也就是说,没有好坏之分,不是吗?顾客满意度调查的结果我不记得了。"

即使你心里是这么想的,也要斩钉截铁地说出下面的话。

> "我认为,顾客满意的基础是员工满意。"

这样一来,对方就会立刻追问你原因。
接下来你要继续这样回答:

> "我的理由有三个。第一,在很多蒸蒸日上的企业中,员工的满意度很高。第二,顾客满意度的评价多依赖于接待顾客的员工的应对方法。第三,员工满意度较高,所以退休率也将变低,技术得以积累。"

极端地说,在回答理由时,我们可以仅罗列自己知道的内容。我们姑且假设这是在测试逻辑性,比起内容,更重要的是要把重点集中在三点上。

回答问题的诀窍是改变视角。第一个视角是其他公司。第二个视角是员工的应对。第三个视角是公司内部的技术。虽然没有正确答案,但是我希望大家能够有意识地养成习惯,用不偏颇、均衡的三点来回答问题。如果不明白问题的意思,向对方确认一下就好了。

有些人虽然不害怕提问,但在被提问时,会觉得自己像在被追问一样。他们会担心如果被问到自己完全不知道的问题该怎么办、没明白对方提问的意思该怎么办。但是,如果不能以"大部分问题我都能回答"的心态去面对对方的问题的话,我们就会在气势上败下阵来。其实,很多问题在你真正理解了对方提问的意图后,就会觉得"什么呀,原来是这样啊"。因此,我们要冷静下来,通过简单易懂的提问,来确认对方究竟想要确认什么,以及问题的真正含义。

如果遇到自己真的不知道的情况,那么坦率地说出来就好了。最差的回答就是敷衍了事。请试着站在对方的角度来考虑问题。向自己提出问题的人是支持自己的人,是想要和你加深理解的伙伴。比如,有一个人在会议上不对你的意见进行提问,而是陈述自己的意见,给其他成员带来了麻烦,此时你就可以说:"那我们在会议之后再好好谈谈吧。"承诺他将会在之后与他进行一对一的交流。这一点将在第 4 个技巧"倾听方式"部分进行说明。

> **总结** 向你提问的人是支持你的人,是想要和你加深理解的伙伴。

专栏 3
咨询师的提问能力

圆圆的糖果突然卖得很好。

"改变了什么?"

"发生了什么变化?"

"到底发生了什么?"

通过不同的提问方式,可以改变回答问题的人的思维范围(对象范围)。咨询师会针对自己想知道的问题,有意识地调整对象范围。

第一个提问将范围限定在了公司自主做出的改变之中。例如,"降价了""更换了广告""改变了包装设计""改变了口味""改变了数量""改为在杂货店销售",等等。以市场营销的4P理论[①]为中心,出现了不同的假设。

第二个提问的情况则包含"竞争失败了""顾客的喜好变了""顾客的购买行为变了""客户变了""销售方针变了""培训力度变了""生产力增加了"等因素,也就是说,涉及对象很广泛。

第三个提问,也有人会更广泛地将其理解为"《自然食品法》制定的影响""日元升值的影响""新兴国

---

① 产品(Product)、价格(Price)、促销(Promotion)、渠道(Place)。——译者注

家掀起热潮"等宏观环境的影响,这并不奇怪。但是,也有人只能从和第一个提问一样的范围来回答。即使改变提问方式,也有可能只会得到相同的答案。也就是说,通过第三个提问可以确认回答对象的视角的高度。以此,我们可以得知对方能在多大范围内把握事物的整体情况。

同样,在难以回答完全开放式提问中的"怎么样"的情况下,我们可以添加一些词语。也就是说,要缩小、分解对象,例如"从区域来考虑怎么样"。另外,回答带有选项的问题则更加简单,例如"重点区域是海外还是国内"。当对方无法掌握整体情况时,我们需要提出范围,并有意识地对相当于重要的中轴的选项进行分解。这样一来,对方就能厘清自己的思路,你以一个商量对象的身份被搭话的机会也会增加。

不是回应对方的话，而是感受对方的心情

● 有误解、曲解、错觉是理所当然的

在掌握了有逻辑性和叙事性的说话方式，以及能够理解对方并提出有效的问题后，接下来的课题就是如何认真地倾听对方的回答。在技巧3中，我曾说过，我们有必要通过提问来了解对方。确实，提高提问能力能加深我们对对方的理解，更容易向对方传达自己的话。但是，如果仅止步于此的话，"我知道你在说什么，而且也不是对你说的内容不感兴趣，只是……"，对话就可能以这样的方式结束。另外，有些人在听对方回答时，经常用语言来否定、反驳对方，这是不可取的。这种行为不仅会使对方，还会使周围的人会对你产生消极而严厉的印象，其危害可能超乎你的想象。

人们在目睹这种行为时，即便对方反驳的内容很有逻辑性，且本来这个回答就应被反驳，但其心理反应仍会比大脑的反应更加强烈，这必定会使双方的心理鸿沟越来越大。首先必须要注意的是，即使在你听到对方回答的一半时，产生了"那是不对的""我想说的不是这

个"的想法,也不要将其表现出来。总之,请你一定要一直听对方讲到最后。有时我们好不容易提出了一个好问题,却时常会因为沟通方式而失去对方的信任。有误解、曲解、错觉是理所当然的,但重要的是,我们要一边思考这个人为什么会这么想,一边用心倾听心灵鸿沟。

正如前言所介绍的那样,即使一句话就能传达,其效果也不尽相同。其等级被分为 4 个阶段。

> ①明白意思(理解)→②对内容感兴趣(共鸣)→③心里接受(认同)→④采取具体行动(一致)。

特别是在商务场合,仅达到阶段①和阶段②是不够的,不能达到阶段④就不能算是达成目的。为此,作为说话人,你有必要去得到对方的理解,与其在心理上产生共鸣。因此,重要的是如何去倾听对方的发言。如下页图所示,不是问,而是听。只有当对方觉得,这个人确实是在认真听自己说话时,你才能与对方产生信赖关系,同时也能获得对方的理解,与对方产生共鸣。这样一来,你们的心灵鸿沟就会缩小。

第二章 传达信息的"听（问）"的习惯

询问和倾听的 5 个阶段

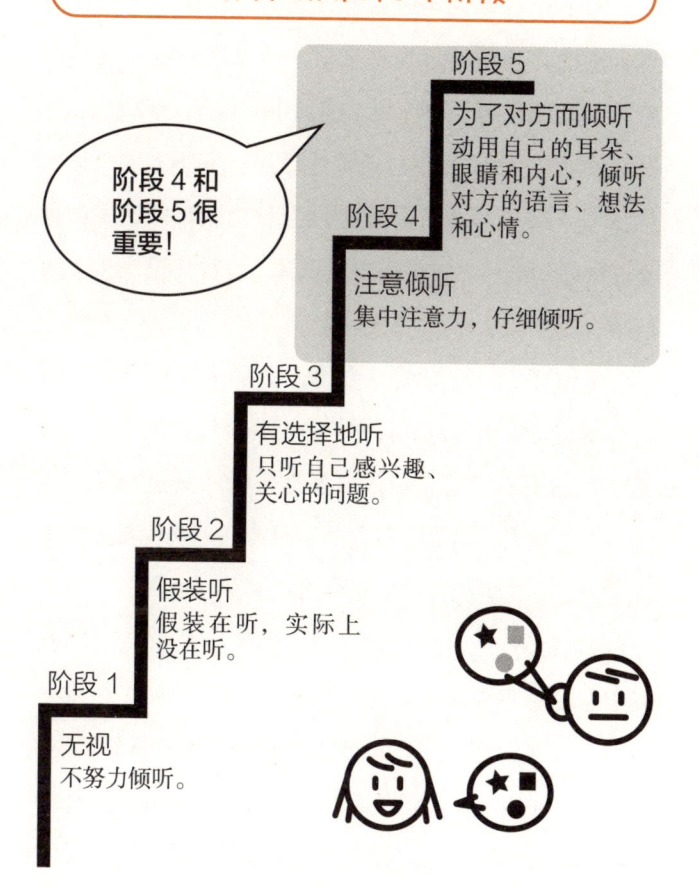

阶段 5
为了对方而倾听
动用自己的耳朵、眼睛和内心，倾听对方的语言、想法和心情。

阶段 4
注意倾听
集中注意力，仔细倾听。

阶段 4 和阶段 5 很重要！

阶段 3
有选择地听
只听自己感兴趣、关心的问题。

阶段 2
假装听
假装在听，实际上没在听。

阶段 1
无视
不努力倾听。

● 努力尊重对方的解释

为了让对方更容易理解自己的话，你花了很多心思，然而你在向对方确认之后，却发现对方完全不理解你的意图，甚至还反驳了你话中一些不合理的地方。"不是这样的！""我说过这种话吗？""我不太明白你在说什么。"你是不是一不小心就会说出这样的话呢？有过这种经历的人，你们需要意识到，自己还没有学会如何倾听对方说话。

所谓倾听，就是敞开心扉，全盘接受对方所说的话。不要感情用事地对对方的态度和言语做出反应，而是要去感受对方的心情，这才是倾听的真正意义。然而，大多数人一旦觉得对方的话对自己不利，就会立刻否定对方，或者想要纠正对方的错误。

"我是对的，你是错的"这种感情我们无法抑制，我们总是忍不住要将它说出来。"那是骗人的"，最终我们把对方称为"骗子"。一旦我们做出了这样的反应，就很难与对方建立信赖关系。我们首先要做的，是努力去明白对方想要做出的解释，并尊重其解释，因为其中有可能还有你不知道的信息和情况。

倾听的诀窍是，当你感到自己的感情受到伤害时，要把它当作是一次提升自己或试炼自己的机会，先消除自己的负面情绪。我从希腊的朋友那里学到一个方法，即小声地喊"删除它"来消除自己的负面情绪（千万不要让对方听见）。此外，还有交叉自己的食指和中指及拍打腹部等方法，我们可以通过这种不易被对方察觉的方法来控制自己的情绪。

> **总结** 想要反驳时，事先准备好消除负面情绪的方法吧。

附和、点头是好的说话方式

● 发出"我在听你说话"的信号

在人力资源学院的沟通培训班中，我给学生们发过一份表格，要求学生在"听、问、说"三个方面各做六道题。你觉得日本的商务人士在哪个方面的分数最高呢？

你会不会觉得是"听"的部分呢？没错，几乎所有人都在"听"方面得了最高分。但是,他们真的都做到好好听了吗?虽然"听"是最高分,但我却怀疑他们是否真的在"听"方面做好了。

学校里开展了很多诸如"说话教室""演讲提高讲座"之类的活动,但以"倾听"为主题的活动却很少。也许大家都认为,"听"和"问"根本不值一提。但是,倾听别人的话这件事却意外地很难。

请你在倾听的时候,不要忘记发出"我确实在听你说话"的附和信号。此时请注意自己的说话方式和语气。例如,强有力地说"真好!"和没有任何抑扬顿挫地说"真好",这两种方式给对方的印象是完全不同的。我们自然更希望能给对方展示自己积极的回应。另外,在使用什么样的词和句子方面也要下功夫,不要总是说"是""啊""嗯"。

咨询师常用的附和方式有"原来如此"和"您说得对"。比起简单的"是"等回答,这些句子由于听起来更像是在积极肯定对方说的话,因此是一种能增加对方的安心感、让对方高兴的附和方式。不过,经常使用这些附和方式的话,也会让人觉得你有轻视之嫌,所以注意不要过度使用它们。

第二章　传达信息的"听（问）"的习惯

附和的声调也很重要。用平静的声音，一边点头一边逐渐提高音量说"原来如此！"的方式也不错，但如果你用奇怪的声音说"原来如此！"的话，便会给人一种得意忘形的感觉。句尾的语调一定要降下来。一般来说，相比女性，男性更容易忽略附和，因此男性尤其要注意去有意识地随声附和。刚开始这样做可能会有点害羞，不过，请加油吧。有人认为"我讨厌别人附和，所以我自己也不附和"，但对方不是你，你们之间可能是有分歧的。

除了语言声调，倾听时的表情和态度也很重要。一想到对方表现出一副无聊的表情，说话人便也会打不起精神。从这个意义上来说，做笔记这种方式也能传达听话人的热情，但是不能只关注手里的事却不看对方的脸。眼神交流是倾听时的基础，我认为比起记笔记，我们在倾听时更应优先考虑这一点。

"我在听你说话""请多说点"，这种以附和、点头为代表的积极表达式的倾听方式被称为"积极倾听"。这个技巧在用于与健谈的人交流时，具有很重要的作用。它可以表达出"你很擅长倾听"，使对方不断地说下去，自然也能逐渐填补你们的心灵鸿沟。

● 不先入为主，不解释，全盘接受

还有一种倾听方式需要大家记住，那就是朴实式倾听。这是一种不带先入为主的观念、不添加语言、不解释、直接接受对方所说的话的倾听方式。总之，面对不擅长说话的、沟通困难的人，我们更需要单纯地去倾听。例如，当上司向员工询问迟到的原因时，说道："总而言之，你就是没有干劲吧。"由于这是上司的解释，因此我们不能单纯地倾听。

那么，为什么不能单纯地倾听呢？我们假设这个员工虽然迟到了，但实际上他对工作还是有干劲的。尽管如此，上司依旧会说："你干劲不足！"一旦这个员工被领导这样说，他就会觉得"原来上司平时就是这么看我的啊，那以后不管我做什么都会被这样认为吧"，从而可能真的失去干劲。也就是说，在这种情况下，上司的先入为主只会带来破坏信赖关系的负面效果。

另外，像是说"你想说的是这样的事啊"这种为了配合自己创作的故事来解释的行为，又或是从对方的发言中只选取对自己有利的内容来解释的行为，都会破坏信赖关系。

第二章 传达信息的"听（问）"的习惯

> "所以你想说的是，你替我去了家长参观活动？"
> "不是，我想说的是，为此我被迫向老师提出了无理的请求。我和太郎都觉得很不好意思。"

面对只陈述对自己有利的事实的丈夫，妻子生气地说："你完全没察觉到我的心情！"因为妻子真正想让丈夫听懂的是自己的心情，然后来感谢自己。这便是他们之间存在的心灵鸿沟。另外，"你最终会选择 A、B、C 中的哪一个？"这种指导式的态度也不适合朴实式倾听。若是在双方建立起某种程度上的信赖关系之后对其进行指导的话，尚且还说得过去，但若没有建立起信赖关系的话，则很有可能使对方封闭内心。

在金融机构的咨询区，即使我们明白对方是专业人士，但若是在最开始的咨询阶段，听到对方说："听完您的话后，我认为这三种商品很适合您。第一种是……以上就是我推荐的三种商品。您觉得怎么样？"之后，我们便会怀疑，对方到底有没有真的理解自己的情况。

总而言之，朴实式倾听的本质并不是让听的人接受，而是让回答的人安心，加深对自己的理解。是为了让对方接受，增加双方共鸣，填补心灵鸿沟。为此，我们才倾听。

> **总结** 面对健谈的人采用积极式倾听，面对不擅长说话的人采用朴实式倾听。

第二章 传达信息的"听(问)"的习惯

倾听是倾听对方这个人

不先入为主的朴实式倾听

> **通过倾听，建立双方的信赖关系。**
>
> "我可以对这个人说。"
> "这个人说的话我可以听。"
> "可以交给这个人。"

▼

友好沟通

把意识集中在谈话的目的上

● 目的是让对方明白自己的正确性

在研讨会上,我们为了缓和现场的气氛,经常会和他人开玩笑。虽然这样有时会显得有些没有礼貌,但会更亲切。只是让人头疼的是那些把玩笑当真,做出"那是歧视性发言,请收回"这种出乎人意料的反应的人。

人的价值观是多种多样的,即使100人中有99人在笑,其中有一个人表示不理解也并不奇怪。在这种时候,如果你反驳说"这不是歧视",就会火上浇油。正确的做法是你应该说:"不好意思,请问您是从我说的哪句话中感受到了歧视呢?"不要去反驳,而是要倾听对方的话。

一个人之所以会发言,必定是因为他有想要表达的东西,所以不管是误解还是其他感受,重要的是要让对方全部表达出来。这时,你的脑海中应该只有一个念头,那就是让研讨会在良好的氛围下进行。同时,你应该也会希望那些觉得自己受到歧视的人能将想法转变为"参加研讨会真是太好了"。

像这样，如果目的明确的话，就不会和对方产生对峙，也不会执着于让别人认可自己是正确的，从而让我们能够根据理性而不是感情来行动。对对方的话做出情绪化反应的人，可能并不清楚对方为什么会说这种话。

● 闭上眼睛做腹式呼吸

我也有过这样的经历。某外资企业的经理委托我："希望您指导我如何提高建导技术[①]。"在我去拜访那位经理后，发现他做了很多功课，既有一定的知识储备，也有一定的业绩，所以那是一位相当有自信的人。我一边听着他的话，一边问："这种做法怎么样？""这里这样怎么样？"然后提出了几个建议。但是，无论我说什么，对方都会说"不，这是不对的""我觉得不行""以前我也试着说过"，将我的建议全部否定。这个人对自己做过的事很有自信，不愿意接受别人的建议。在明白了这一点后，虽然我有过直截了当地说"那请自己加油吧"后就转身离开的想法，但是我并没有这么做。

---

① 对群体进行建设性的引导和服务，对群体中的互动过程提供结构性的帮助，按照专业化的程序和技术来引领群体的活动而使之达成最佳效果。——编者注

我冷静下来思考："为什么他要叫我来这？"我是受他的委托来这里的，难道不正是因为他有困难，所以希望我来解决这些困难的吗？我闭上眼睛，一边做着腹式呼吸，一边思考在目前的情况下我能做些什么，然后这样说道："听完您的话，我已经理解了。当然除此之外也有其他的因素，不过，请允许我以已知的因素为前提，说明一下如果是我的话会怎么做，可以吗？"

这样一来，他终于愿意倾听我的话了。从此以后，无论他遇到什么事，都会来找我商量。如果当时我没能弄清自己的目的，只想着让他认可我的话，那么那次咨询就不可能成功。如果目的明确，我们就能意识到在对方的话中可能隐藏着自己没有注意到的宝贵线索，从而采取倾听的姿态。

那么，换做是技巧3和技巧4，会怎么样？发音同样是"kiku"（日语中的"问"和"听"两个词发音相同），但在传达这一目的上，"问"可以有效弥补大脑鸿沟，而"听"则可以弥补心灵鸿沟。通常，你可能会认为到此为止就足够了，但光这样还不够。让我们来看看第三章的主题"看的习惯"有多么重要。

第二章 传达信息的"听（问）"的习惯

> **总结** 会对对方的话做出情绪化的反应，是因为我们没弄清楚谈话的目的。

糟糕的听话人的态度是什么样的？

1. 容易分心
2. 无论如何都要记笔记
3. 对方说话太慢，自己容易走神想别的事情
4. 觉得无聊，不想听
5. 不喜欢对方的说话方式，不想听
6. 由于对基于感情和主观的语言敏感，因此不愿意听
7. 尽管只是表面上在听，但还是点头示意
8. 比起话题的中心主题，更注重细节
9. 有为了讨论而讨论的倾向

也就是说，无法集中注意力在对方身上！

专栏 4
咨询师的提案能力

在逻辑思维培训中,有制作解决问题树状图的练习。解决问题树状图指的就是提案。"我觉得这样做比较好,就按这个方向进行吧",这样一来,内容就能简单易懂地可视化。但是,很多人在传达信息的时候,会破坏树状图的易懂性。当我说"可以用更容易理解的方式表达"时,经常会有人说"请告诉我易懂的表达技巧"。这个技巧非常简单,如下:

· 不要说项目以外的事。

· 只清楚地朗读你写下的内容。

· 朗读的时候,以一定的节奏和抑扬顿挫的语气来更好地传达自己的意思。

· 按顺序朗读树状图,要有规律。

· 在最后,边说"也就是说",边从下往上逆向朗读树状图。

内容不多不少、条理清晰,这样你的树状图在逻辑性上的好坏反而会变清晰,形成深度讨论。

提交方案时,也要注意语言的简洁,也就是"一言以蔽之"。人们在观察对方的反应时,如果察觉对方的表情不太好,往往就会拼命地重复说明。但是,这样反而会自掘"坟墓",最后很容易变成不知道自己在说什么。不要想着说太多,要简洁地表达。

在这之后,便是答疑环节,此时最好的利用时间的办法是以对方不满意的部分为中心进行深入探讨。没完没了地对对方已经知道的部分进行解释只会使对方变得更加焦躁。减少一些长篇大论的观点,控制住自己。因为提案始终是为对方服务的,所以千万不要陷入自以为是的辩论之中。

第三章

传达信息的"看"的习惯

技能 5：尊重对方的看法→消除对对方的负面意识。

技能 6：使对方持肯定想法的方式→减少对方的负面意识。

负面的主观臆想和成见、自己对对方抱有的成见，只有自己能努力消除。虽然我们无法控制对方对我们的看法，但要尽量减少对方对我们的主观臆想和成见。

消除主观臆想

● 没有实事求是地看原貌

如果你被拜托担任结婚典礼后宴会的负责人，首先你要确认新郎和新娘初识的经过。这时，你有没有觉得人的记忆真是各自不同呢？

新郎："我刚结束加班准备回家，她就在车站等我。"

> 新娘:"我没有等,是我和朋友约好的时候你碰巧来了。"
> 新郎:"啊?"

就像这样,明明是两人相遇的重要场景,但是两人对重要事件的记忆却完全不同,理解的方式也完全相反。人与人之间能够心意相通并非易事,因此,在说话方式上下功夫,提出问题,仔细倾听回答是很重要的。实际上,只要认真地反复"问"和"听",就能在某种程度上使自己和对方对事物的看法和认知保持一致。即便如此,也有无法传达信息的情况。即使通过提出好问题来加深了解,反复靠近对方,认真地倾听,但对于某些部分还是无法沟通。

这不仅是心灵鸿沟,还是心理屏障。因此,在"问"和"听"之后,还需要做一件事,那就是消除对方的主观臆断,这就是本章要介绍的尊重对方的看法。

前文中在"听"的部分,我提到了不带先入为主的偏见,直接接受对方所说的话的"朴实式倾听"。人总是抱有"一定是这样的""我希望是这样的"的想法,所以无法诚实地倾听对方的话。因此，我们要通过"朴实式倾听"来打破这种思维定式的壁垒。同样，人也不擅长以真实的状态看待自己以外的人。例如，某人曾与外资银行的人共事过，有过由于双方沟通不顺畅而感到很辛苦的经历。他听说这次新进入公司并分配到自己部门的人之前工作的地方是外资企业，还没与其见面可能就会认定他"一定是个很难沟通的人"。

世上有很多不同的外资企业，在外资企业工作的人也各不相同，并不是所有在外资企业工作过的人都难以沟通。但是，一旦给人留下了不好的印象，就不那么容易消除了。而且，如果你带着"难以沟通"的偏见与他接触的话，当然会产生很多误解和误会。这样一来，就会陷入恶性循环："你看，在外资企业工作过的人果然不太会与人沟通。"这便会进一步加深自己先入为主的偏见。

精准传达 完美沟通的 6 种技能

不能根据对方的言行（事实）进行想象和解释

1. 看起来没有自信
2. 非常积极、开朗
3. 发言过程中眨眼次数过多
4. 大概也有不愉快的事吧
5. 开会过程中一直低头看着下面
6. 一边点头一边倾听
7. 他是个有顾虑的人

"对方的客观言行（＝事实）的表现"和
"你的主观想象"有什么不同？

[注：1、2、4、7是根据对方的言行（事实）想象的解释]

第三章 传达信息的"看"的习惯

● **主观臆想的逆向模式**

主观臆想还有一种逆向模式,即成功经验不再有效的模式。假设一个销售员在客户面前做了一次产品展示,对方的负责人对他赞不绝口,说:"你说得很通俗易懂。"从而签下了大单。销售员很开心,之后也到处做同样模式的产品展示,每次都得到了很高的评价,因此他也越来越有自信。但是,有一次却失败了。让他得意的产品展示那次没能发挥作用,在重要的竞争中输了。在这次竞争前,他对其有些轻视,心想这次用同样的方法也会很顺利,从而忽略了为了了解信息的传达对象应做出的努力。

如果能意识到这一点还好,但在这种情况下,大多数人都会把责任推给对方:"我的产品演示没能打动人,是那家公司负责人的水平实在太低了。"这样一来,这个人的表达能力不仅没有得到任何进步,反而在不断退化。

读到这里,你应该已经明白了,"只要这样做就一定能传达给所有人"的魔法般的传达话术是不存在的。100个人有100种不同的思考方式和价值观。如果你必须向别人传达某种信息,那么你只能认真地面对眼前的那个人，思考如何才能获得他的理解和共鸣。这个时候，请意识到先入为主的偏见和主观臆想是有百害而无一利的。

> **总结** 先入为主的偏见和主观臆想有百害而无一利。

有意识地改变看法

● 无意识地发出"这个人可能不擅长"的信号

正确理解他人比想象中要困难得多，正因为如此，人们才会马上给对方贴上对自己来说更方便的标签，以求安心。在公司里，你是否也在不知不觉中给同事贴上了标签，比如"那个人虽然很好，但是嘴上总是说漂亮话""她很认真，值得信任"，等等。但是，这些标签毕竟只是你自己的感觉，并不具有普遍性。此外，你还应该记住，这些标签可能会让你难以表达自己的想法。

例如，同样是女性，在你眼里她是个没有原则、八

第三章 传达信息的"看"的习惯

面玲珑的人,但别人对她的评价或许很高,比如她总是从对方的角度出发考虑问题,事情考虑得很周到,等等。也就是说,不同的人对同一个人可能有不同的看法。这意味着即使是你平时觉得难以向其传达信息的人,只要改变对他的看法,也能顺利将信息传达。

在公司里,总有很难将信息准确传达给他的人,你可能不太喜欢那个人,而你不喜欢他的心情当然也会传达给对方,所以不难想象对方也会觉得你很难交往。如果双方都讨厌对方,就不可能产生理解和共鸣,所以说的话也无法传达。这种状态下会导致双方相互无视和漠不关心,那样的话你会很痛苦,因为周围有人把自己的存在当作是不存在的。

当你试着分析一下,为什么自己不喜欢对方时,你就会明白,自己发出的委托和指示,他并不会顺利执行,而是经常独断专行地推进工作,这让你很生气。但是,你不可能让对方的态度变成你喜欢的样子。如果对方自己想要改变也就罢了,如果他并不想改变,那就会非常麻烦。过去和他人是无法改变的,但如果改变你自己的看法呢?这是可能的。请试着重新审视一下对方的特征,把过去你认为是缺点的部分,让它看起来像优点。这样一来，你就会发现，你一直认为的对方随心所欲、任性的态度，现在也可以用"有自己的想法、有行动力"来形容了。

这种类型的人也是公司所必需的。这么想的话，认为对方很难交往的理由就不存在了。当然，你改变自己的看法后，你的话也更容易传达给对方。因为之前双方有心理屏障，所以会无意识地向对方发出讨厌的信号。

如何解释别人的特征是我们自己的问题。之所以你会有对方很难交往的认知，是因为你自己一直这么主观地认为而已。

● 人根据不同的对象和状况会表现出不同的面貌

此外，人在不同的对象和状况下所表现出来的面貌也不同。在工作中是不开玩笑的冷面上司，在家里却是对孩子总是笑容满面的温柔父亲，这是完全有可能的。或许有人会对"比目鱼[①]"型领导有印象，他们对下属颐指气使，但一到上级面前就一句怨言也没有。

如果了解到人具有多面性，那么即使对眼前的人有

[①] 这类人很会向上管理，受上司喜爱，但同事和下属的反馈比较差。——编者注

第三章 传达信息的"看"的习惯

冷漠、难相处、无法沟通、信息无法传达等不好的印象,应该也会产生"等等吧,这个人在某些场合肯定会表现出有人情味的一面,想想办法把他的那一面引导出来"的想法。试着与他聊一聊有关宠物的事,或许他马上就会笑容满面,开始和你聊他的爱猫,可能也会因此向你敞开心扉。

● **把手放在看得见的位置**

能改变的不仅是自己的想法和看法,甚至可以改变接近谈话对象的方法。说话时的姿势、语速、声音的大小、附和的词语等,只要觉得这样做能让对方更容易与自己聊天,什么方法都可以尝试。例如,把你的手放在对方看得见的位置,比如放在桌子上,丰富你的手的"表情",和对方做同样的动作都会增加你们之间的亲近感。切忌把手放在桌子下面等让人看不见的地方。"不让别人看手的内侧"[1],会被对方认为你在隐藏着什么。

谈话中完全不看对方眼睛是不可能的,请一定要与对方有目光交流。话虽如此,但在对话的时候,如果自

---

[1] 日本俗语,意思是不露底牌。——译者注

己的眼睛一直被对方盯着又会有什么感受呢？很多日本人都会觉得有些难为情，感觉很别扭。你可以偶尔稍微降低视线，看看对方的领带，然后再看看对方的眼睛，这样就刚刚好了。如果被人看到你在看完全不同的地方，对方反而会在意："有什么事吗？是不感兴趣吗？"

说到眼神交流，除了日本人，几乎所有其他国家的人都认为说话不盯着对方眼睛的人是不值得信赖的，这是我们在跨文化交流中最应该注意的事情之一。

● 加上多余的解释令人讨厌

将对方所说的话的最后部分如鹦鹉学舌般原封不动地重复一遍，这也很有效。例如：

> （1）"那是两个月前的事了。"→"是两个月前的事啊。"
> （2）"我觉得很难，所以很担心。"→"你很担心啊。"

这个时候，擅自解释或添加推测的人要注意。

第三章 传达信息的"看"的习惯

> （1）→"迟到了很久，结果是两个月前吧？"
> （2）→"因为是棘手的案件，所以很担心吧？"

即使自己的解释是正确的，也还是不要说比较好。因为有很多人，特别是那些和你关系不好的人，如果他们说的话被你随意解释，他们可能会很生气，觉得你说得不对。"话真多啊！所以才讨厌。"很多人都会这么想，所以请你一定要注意。

当然，还有笑容。即使笑容本身可能不会立刻给你带来效果，但只要你改变态度和行动，这些信息就能传达给对方。当对方的心里萌生出"啊，这个人为了我付出了很多努力"的想法时，就会想要和你合作。

像这样，通过去掉自己的主观臆想这一大脑屏障，对方的心灵屏障才会一点点消除。因此，你要先改变自己。

总结 我们先去掉自己的大脑屏障，才能消除对方的心灵屏障。

精准传达 完美沟通的 6 种技能

这样的说法是不行的！

1 很久以前的事到现在才说？

2 含糊不清的情况说明

3 一般化、抽象化的表达方式

4 第三方的意见 "科长……"

5 同时说出值得称赞的话（正面）和讨厌的话（负面）

6 通过精神分析评价他人

7 以自己的经历为中心来讲述

8 不经意地加上开场白、枕词[①]

9 使用肯定的表达方式——"绝对"

10 指责之后，想要解决问题（→多管闲事）

---

① 一种日语修辞法，多用于和歌等韵文。——译者注

第三章 传达信息的"看"的习惯

为了听话人要集中精力说话

● 不是为了自己才说话吗

在观看一些年轻人之间的谈话节目,比如《直播到天亮》等讨论型节目的时候,你是否有过焦虑,或者有过"这是什么"的心情呢?很少有人能像哈佛大学政治哲学教授迈克尔·桑德尔[①](Michael Sandel)那样尊重对方,并对所有人的所有意见都冷静地接受。

这是为什么呢?因为在美国的大学里,学生对教授的评价标准非常严格。在众多学生面前讲课,就意味着要受到严格的关注。如果学生感到不被教授尊重,就会给予严厉的负面评价,所以教授们都会郑重地对待学生。但是,普通人很少身处这样严苛的环境中。

请试着尊重对方,并坚持下去。不要在意好与坏、赞成与反对,也不要在意喜爱与讨厌,要试着直接接受对方所说的话:"嗯,你是这么想的啊。"如果可能的话,试着说:"你说的话好像很有道理。"把反对意见作

---

① 哈佛大学政治哲学教授、美国文理科学院院士、社群主义的代表人物。——译者注

为新的观点来接受。试着站在对方的视角上想象：为什么他会这么想呢？这样一来，就会发现对方持有的完全相反的意见其实也有一定的道理。

在专栏 4 中我介绍了在培训班中学习的学生们能很好地说明用来解决问题的树状图的情况。我想一定是因为他们多年来一直有意识地将自己没有注意到的各点连接起来，赋予它们意义。也就是说，他们总是对任何事情都探求其意义。

另一个诀窍也很重要，那就是集中精力向听众传达信息。一边思考"这个人想听什么？"一边传达信息。因此，是否将听众视为"值得感谢的支持者"，其谈话效果也会产生差异。现在，眼前的这些人是和我们一起思考如何把解决问题的树状图变成更有价值的好东西的重要的人。你是为了这样的听众才想要传达信息的。

另外，由于紧张而无法顺利表达的演讲者，恐怕是把听众当成了自己的"评价者"或"反驳者"吧。如果是这样的话，那就请你在无意识中把自己的谈话对象变成自己，而不是听众，并客观地审视自己的看法。有没有被自己的想法束缚？你的看法是否以自我为中心？你可以试着站在剧场二楼客观地审视自己。

第三章 传达信息的"看"的习惯

总结 如果能享受反对意见,你就会成为传达信息的高手。

尊重对方,提高倾听水平

为了自己而倾听

- 只听自己想听的内容。
- 带着先入为主的偏见去听。

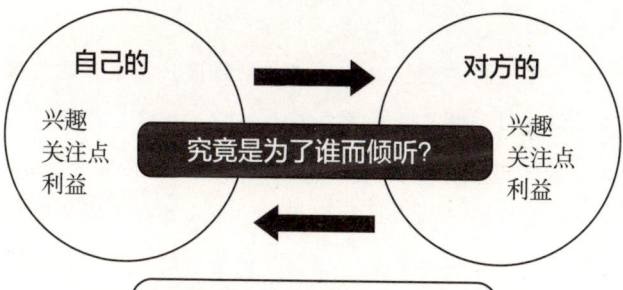

自己的 兴趣 关注点 利益 → 究竟是为了谁而倾听? ← **对方的** 兴趣 关注点 利益

- 倾听对方想要表达的意见和心情。
- 倾听对方想怎么做。

为了对方而倾听

关心对方,为对方而倾听!

专栏 5
咨询师的谈判能力

刻薄、挖苦的措辞在谈判中起不到任何正面作用，让对方无言以对并不是我们的目的。21 世纪是对话的时代，像辩论一样打败对方的沟通方式已经过时了。还有很多人会故意诱导对方显露情绪，请千万不要上当。但是，当对方情绪高涨时，我们也会忍不住发火，甚至演变成一场争吵，两人唇枪舌剑，就像孩子吵架一样。

"你们不是说是这个价格吗？"

"什么？那我就直说了，这样的品质根本称不上是产品！"

不要让对话变成这样。如果继续激化，双方的信赖关系就会被破坏。为了避免这样的情况发生，就把对方的发言和其本人当成不同的事物来对待吧。在商务场合，每个人都有自己的立场和职责。每个人都是不同的独立个体，或许确实有人认为"你说的是对的"，但是，不能因此就"按照您的要求降价"。

"恨其罪不恨其人"，如果把对他人言行的反应和对他人人格的反应混为一谈，我们就会在不知不觉中伤害别人，让别人产生负面情绪。

在谈判的时候，要时刻想着"通常以什么为目标"，并保持不迷失、冷静的态度。然后,试着站在对方的角度构建逻辑框架。如果自己是对方的话,会以怎样的依据为基础构建逻辑框架呢?这是你要事先思考清楚的问题。

- 哪里可能会导致失败?
- 我方绝对不能让步的部分是什么?
- 对方可以根据条件做出让步的部分是什么?

在心中构建这样的谈判假设,尽量不要牵扯到眼前的细节,强调双方长远的伙伴关系带来的益处。

要把容易因利害关系不一致而变成拘泥于眼前的"虫之眼"式的谈判,拉长时间轴,提高到站在更高的视角看问题的"鸟之眼"的高度。请试着在脑海中描绘出树状图,并从高处俯瞰它。

你被人隔着滤镜看

● 总有合不来的人

接下来是第 6 个技能。这部分内容既容易从逻辑上理解,又能引起大家的兴趣。当对方向我们提问题时,说明他正在向我们确认他不明白的事,也说明他能在理解我们的问题的基础上认真听我们说话。

一开始,你以为他会轻视你,但其实并没有,他表现出了非常尊重你的姿态,然而即使这样,还是会有让你感到疑惑的时候。那就是对方和你之间产生心灵屏障的时候。对方的主观臆想、与你的意见不一致,或者与你的性格完全合不来,甚至没有任何缘由,你们一见面就感觉到了你们之间存在某种负面的屏障,很令人讨厌。

这种情况下,想要消除屏障很困难。你想要得到所有人的认可是不可能的,被大家都喜欢也是不可能的。对极少数人的反应变得敏感,会促使你更快地成长。如果你过于固执,反而会形成依赖状态,这是一种"中毒"状态。为了不被束缚,有时候你与他人还是保持一定距离比较好。

如果能反复练习这4个技能,不断地努力,好好审视自己,努力消除对对方的负面印象或偏见(技能5)的话,那就请自信一些,无论如何都有与你性格不合的人。

另外,也有擅长控制他人的人,那些人擅长玩弄人心。特别是自省能力强的人,为了不让自己受到不好的影响,他们会采取客观的视角对待问题,认为"那是你的问题"。

● 他人对你有什么印象

如果你只会责怪他人"他简直无可救药""他没能力"等,那么很多时候你连自己都看不清。

在你的职场中是否也发生过下面的情况呢?

A科长因为科室的年轻员工在开会或与客户洽谈时屡屡迟到而大伤脑筋。"请遵守时间,不要迟到!"这样提醒员工的话虽然他们暂时会有所改变,但很快又会恢复原状,继续迟到。A科长尝试了各种说话方式,有时严厉斥责,有时谆谆教导,但都毫无效果。

"现在的年轻人,对他们说什么都没用。"最后A

科长放弃了。但是，A科长调职后，该科室由新来的B科长负责管理。过了一段时间后，年轻员工的迟到现象彻底消失了。然而，其实B科长并没有做什么特别的事情。只不过如果有员工迟到，他会当场提醒"不要迟到"，但是A科长也做过同样的事情。那为什么B科长的话起到作用了呢？

并不是B科长说话具有逻辑性和叙事性，也不是员工每次迟到他都会问原因，他也不会认真听员工们随便找的借口。正确答案是，因为员工对两位科长的印象不同。A科长虽然要求员工遵守时间，但自己也会在上班时间临近的时候匆匆赶来。而B科长总是早上第一个到公司，开会的时候也一定会提前10分钟到座位，是非常有时间观念的人。相应地，每次会议的结束时间也不会延迟，加班时间也控制在最低限度。

不管A科长怎么苦口婆心地要求员工遵守时间，但因为A科长本身就没有时间观念，员工们也不会认真听。不难想象，员工一定会在心里怨声载道："你自己本来就是这样，为什么要求我们？"而B科长比别人更重视时间观念，如果这样的人告诉员工守时对商务人士来说有多么重要，员工会很容易理解。

如上所述，说话的传达方式在很大程度上由不同的说话人左右，觉得自己的话难以传达的人，或许不是因为"说""听"，而是因为自己对待事物的方式和别人对你的看法有分歧。知道了有这种可能性，或许你就会有"原来如此……莫非……"这样的想法了吧？

精准传达 完美沟通的 6 种技能

你被认为是哪种类型的人?

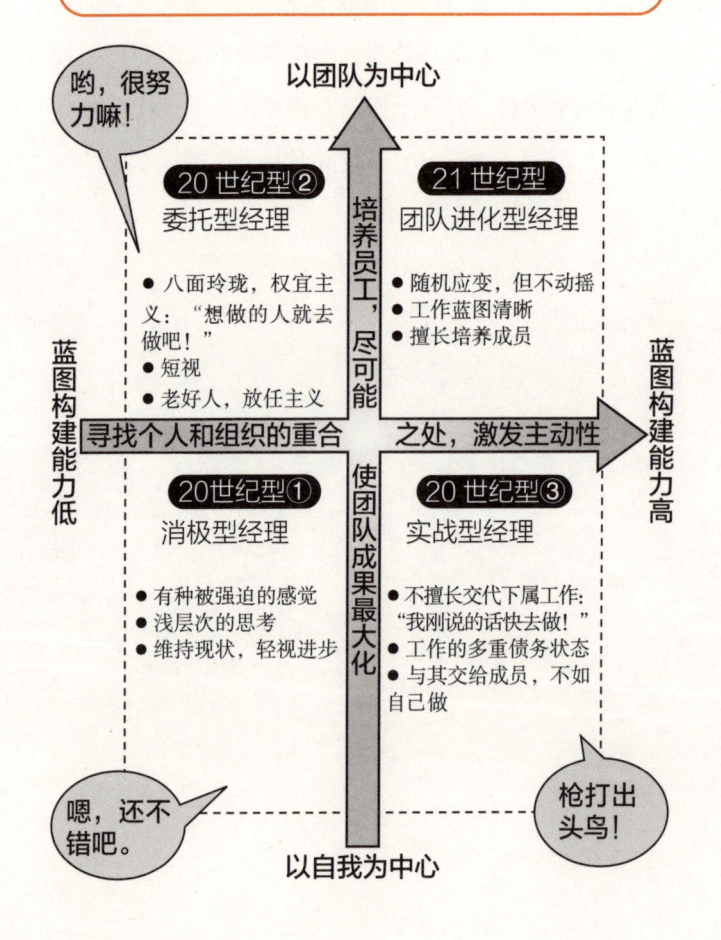

以团队为中心 ↑
蓝图构建能力低 ← 寻找个人和组织的重合之处,激发主动性 → 蓝图构建能力高
培养员工,尽可能使团队成果最大化
以自我为中心 ↓

20 世纪型②　委托型经理
- 八面玲珑,权宜主义:"想做的人就去做吧!"
- 短视
- 老好人,放任主义

（哟,很努力嘛!）

21 世纪型　团队进化型经理
- 随机应变,但不动摇
- 工作蓝图清晰
- 擅长培养成员

20 世纪型①　消极型经理
- 有种被强迫的感觉
- 浅层次的思考
- 维持现状,轻视进步

（嗯,还不错吧。）

20 世纪型③　实战型经理
- 不擅长交代下属工作:"我刚说的话快去做!"
- 工作的多重债务状态
- 与其交给成员,不如自己做

（枪打出头鸟!）

特别是和你经常在一起的同事、项目成员等，会对你产生某种印象。换句话说，他们就是通过一个名为"印象"的滤镜来听你说话的。如果这个滤镜能向好的方向发挥作用还好，但如果不是这样，它会成为一道屏障，使你的话难以传达。因此，你首先要做的就是把这层滤镜从你周围的人眼里去除。如果不这样做，只培养"说"和"听"的习惯，可能会徒劳无功。

● 如何去除滤镜

那么，怎样才能去除滤镜呢？经常会有人为了让对方理解自己，不惜向对方靠拢。咨询师在经验尚不足的时候也往往容易这样做，他们为了得到员工的支持、与员工产生共鸣，和员工们一起把要求摆在经营者面前，或者站在经营者一方，对员工们进行说教："你们根本不明白经营者的辛苦。"

但是，如果认为只要采取"我是你的朋友"的态度，就能去除对方对自己的负面滤镜，那你就大错特错了。如果是咨询师，比起站在某一方身边代表他们表达意见，更容易获得信任的是那些站在中庸之道的立场上说"对公司来说最好的解决问题方法是这样的"。也就是有着更长远的视角和站在更高立场的人。

要想去除对方眼中的滤镜，特别是负面的滤镜，要以客观事实为基础进行信息传达。不要含糊地，而是要具体地传达。

> **总结** 人们是透过"印象"这个滤镜来听你说话的。

负面滤镜通过日积月累形成

● **不经意的一句话、一个动作都会给人留下深刻的印象**

认为"信息只能传达给极少数人，只能在既定的范围里传达"的人，会给自己设下条条框框，在交流中容易感到压力，其实这样的人也会给周围的人带来压力。

同样是"滤镜"，如果对方认为这个人的话值得相信，便是积极的"滤镜"，那这个人自然非常受人欢迎。有时你可能会因为对方对你的期待值过高而感到压力，但只要想维持别人对你的期待值,哪怕稍微有些勉强,自己也自然会改变。因此,我们要思考怎样做才能让对方产生积极的"滤镜"。

和企业形象一样,人们会随意地对对方抱有各种各样的印象。初次见面或者见面前从别人那里听到的对那个人的印象,和与他熟悉后对他的印象可能会发生变化。人们对你的印象和评价是从你日常的细微行为中慢慢形成的。因此,如果平时就有客观看待自己的意识,别人对你的印象也会发生很大的变化。

你就是你这个人的"广告塔[①]"。如果你的行为很得当,就会给人留下好印象、获得好评价。相反,如果你的行为不得当,就有可能在背后被人说三道四。你的个人信息可以通过你这个人传递给外界,因此,从这个意义上来说,你和报纸、电视一样是媒体。而且,传递信息这一媒体的功能,并不仅限于在会议上发言或站在展示板前演讲。和家人的闲聊是信息的传达,你今天早上选择的外套和领带同样也是信息的传达。也就是说,你在家庭和公司中一直发挥着媒体的作用。在每天输出信

[①] 一种大型户外广告展示工具。——编者注

息的过程中，周围人对你的看法就会固定下来。不经意的一句话，日积月累的细微行为，就是"滤镜"的真面目。

● 禁止使用"但是""可是""所以"

如果你有会让周围人对你产生消极"滤镜"的口头禅，那么只要纠正这些口头禅，就能让他人对你的看法变得积极。而让你的形象变坏，失去信用的代表性口头禅是"但是""可是""所以"。即使你觉得自己没有使用过，但在陈述反驳意见时，也会无意识地使用这些词。因为"但是""可是"是对对方的否定，而否定只是为了保护你自己。

第三章 传达信息的"看"的习惯

人都是从自己的视角看问题的

深奥

深奥却狭隘的人

如果没有在自己拥有的狭小区域内与对方建立共同意识,就会有曲解对方的倾向。

> 如果你没有与他人建立共同意识,对方就会认为你"不明就里"。

即使你是这样的人,如果对方持有不同的观点,对你的看法也会发生变化。

有博大胸襟的人。

狭隘 ─────────── **广博**

> 当感受到"广度"和"深度"后,就容易出于自卑感认为他人是不同的人,给自己设立屏障。

> 不会突然说很深奥的话,如果不表现出胸襟宽广,会被认为很偏颇。

狭隘而肤浅的人

容易给他人贴上与自己不同的标签,倾向于只进行表层的交流。

博大却又浅薄的人

如果无法确认对方的"广度",就会倾向于把对方限制在小范围内去看待。

浅薄

> "但是,无论如何都来不及了。"
> "可是,突然让我第二天就把资料准备好,那是不可能的。"

这些都是在说"不是自己的错""进展不顺利都是客观状况造成的"。如果你的对话中频繁出现"但是"或"可是",那就等于是在向周围人宣告:"我是以自我为中心的人。"当然,谁都不愿意去相信这样的人说的话,自然也就很难将话传达给对方了。

突然出现在谈话开头的"所以"也是非常危险的词语。

> "所以,今天的会议定在下午6点,在第三会议室。"
> "所以,我觉得这个估价很难做到。"

说话人可能没有什么感觉,但是听话人被这样说,就会有"连这个都不知道"的被轻视的感受。喜欢说"所以"的人,或许并没有以平等的心态看待对方,而是希望自己永远处于比对方更高的位置。

除此之外，还有很多口头禅会有损你的形象，让你难以表达自己的想法。建议把自己打电话时说的话录下来，并加以确认。

● **否定时加上"稍微""有点"可以缓和语气**

口头禅也会给周围人留下好印象，这样的词使用得越多越好。"这样的说法，能不能稍微多使用一些？""这个我有点不太推荐。"像这样，如果感觉直接说出来对方很难接受的话，可以用"稍微""有点"这些词来缓和一下。

另外，当你指出问题的时候，不要忘记自己的目的。若是为了对方，则可以指出，如果不是，还是不说为好。即使是难以启齿的指责的话，若加上一句"太可惜了"，也能缓和语气。如果是为了激发对方隐藏的能力和价值而说出"太可惜了"，相信很多人都会坦率地接受你的建议吧。

话虽如此，但无论什么词，如果说得太多，都会显得说话冗杂，绕来绕去，容易让人听不进去，适得其反。过于礼貌的措辞，也有一种居高临下的态度，这就是所谓的表面恭敬、实为倨傲的态度吧。在这个时代，即使是出于尊重而说的一些话,有时也会被指责"居高临下",所以大家渐渐变得害怕说话了。但是,以上这些措辞只要在了解其意义和效果的基础上有意识地使用,就没有问题。你会无意识地脱口而出口头禅,有时连你自己也无法控制,所以这很危险,请一定注意。

> **总结** | 口头禅能 180 度改变别人对你的看法。

第三章 传达信息的"看"的习惯

口头禅一览表

积极的口头禅

谢谢
好开心
真快乐
帮了大忙
好厉害!
不是很好吗?
可以
还差得远
喜欢!
想做
那样的话
总之先试着做吧
一起考虑吧
有就完美了
是这样啊!

(今天,你说了几次?)

↓

自己和周围的人都会自然而然地露出笑容!

消极的口头禅

对不起
无聊
无趣
怎么样呢?
不行吗
在我家不行
不能
真是的
反正
讨厌
不擅长
不过
但是
因为已经放弃了
没有先例
至少……若你能帮我……
然后呢?

(你有没有说过?)

↓

请你马上停止!这对于周围的人来说是伤害。

试着用对方的视角审视自己

● 什么是有社交能力的人

如果在说话之前就觉得这个人很值得信任,信息自然就容易传达。这样的人被认为"有社交能力"。也就是说,他们能够让听话人从一开始就信任自己。这样的人本身就像"发布信息的媒体"一样具有很高的可信任度。

影响社交能力的因素,是一个人日常的言行和态度。特别是社交能力强的人,非常清楚周围的人是如何看待自己的,并且会有意识地灵活运用这些看法。有很多社交能力很强的社长,后文将进行具体介绍。

● 说话方式有问题

"暴力是不好的。"
"应该善待他人。"

听到这些话,未必会有人反对吧。但是,应该也没有人会觉得"原来是这样啊""听了这话我茅塞顿开"。因为这是正确言论,而把正确言论说得头头是道的人,一般不会给周围的人留下好印象。

即使脑海中知道是正确的,也不能时时、事事都做到,这就是人,所以大家才会烦恼、痛苦。为了解决这些问题,对话非常必要。尽管如此,"正确的是这样做!"这样大喝一声,对话自然就结束了。那些动不动就想说所谓正确言论的人,请回顾一下自己,是不是讨厌暴露自己的烦恼和软弱。所以,他们总是以正确言论来断然下定论,制造出让对方不容分说的状况,在对方还没有进入自己内心世界之前就结束了对话。又或者是,说谁都认为是真理的话的人也许只是不想被别人指责。不管怎样,在这种情况下,可能是因为这个人有强烈地想要保护自己的心理,所以才会采用这种看问题的方式。也可能是因为他没有余力去感受对方对自己的看法。因为这些屏障是透明的,容易被人看到并讨厌,所以并不是正确言论本身有问题。

美国西南航空公司创始人兼总裁赫伯·凯莱赫（Herb Kelleher）致辞

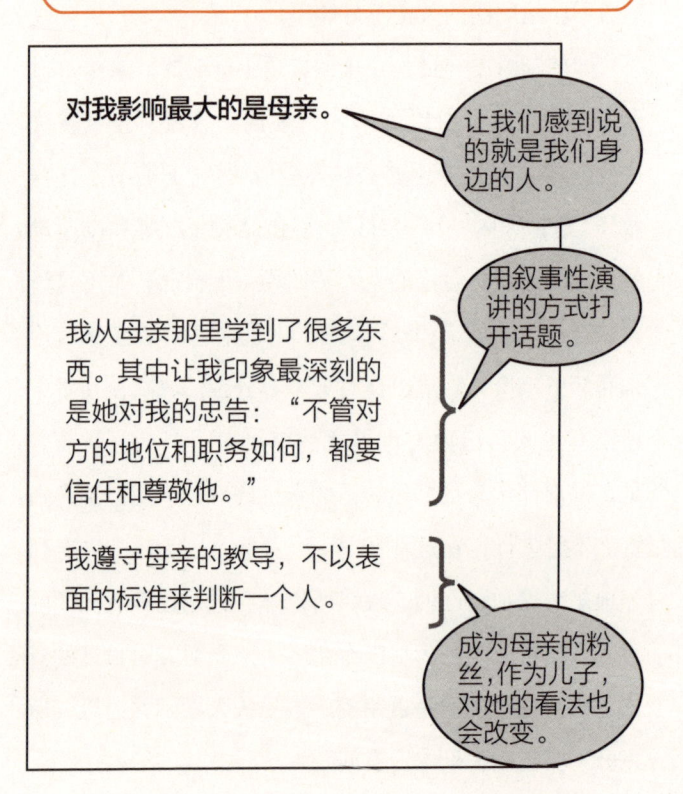

对我影响最大的是母亲。

> 让我们感到说的就是我们身边的人。

我从母亲那里学到了很多东西。其中让我印象最深刻的是她对我的忠告："不管对方的地位和职务如何，都要信任和尊敬他。"

> 用叙事性演讲的方式打开话题。

我遵守母亲的教导，不以表面的标准来判断一个人。

> 成为母亲的粉丝，作为儿子，对她的看法也会改变。

第三章 传达信息的"看"的习惯

> 应当传达的态度是,你不仅是经营者,还是个普通的人。

你必须把他当作独立的人去关心,而不是仅仅把他当作你的员工。我在和他人说话的时候,会认为世界上只有那个人,这是对对方的义务。而且其实大部分人都非常有趣。

和美国西南航空公司的员工们在一起的时光,是我工作中回报最大、最令人兴奋的阶段。

> 和全体员工紧密联系的结束方法。

"只要我说的是正确的,周围的人就会相信我,跟着我走。"遗憾的是并没有那么简单。包括弱点在内,要向大家诚实地公开自己是什么样的人,这才是获得他人信任的最大秘诀。重要的不是自己是否正确,而是如何让对方明白自己是为了和大家建立信赖关系,才毫不隐瞒地在大家面前公开了自己的一切。

谁都想被别人认为自己很好,即使有勉强的部分,至少也想努力在别人面前保持好形象。比起用坚硬的外壳保护自己不让别人看到破绽的人,人们更愿意原谅破绽百出的人。不过在商务场合,破绽百出会让人很困扰,所以在加强防备的同时请保持镇定。顺便说一句,道歉绝对不是坏事,也不会破坏信任。甚至可以说,为了坚持自己正确而固执地拒绝道歉,从长远来看是在贬损自己的价值。

● 有意识地保持相同的呼吸节奏

"你说的那件事,听上去很棒啊!"如果被人这样说,你有什么感想?你会怎么回答?

> "虽然很棒,但不太现实。"

第三章 传达信息的"看"的习惯

> "没有看清现实。"
> "你就是这样的人。"

像这样,也有人认为其中包含了对他人的评价。这不仅是对"那件事"这一对象的指责,也是对说话人的解释。对语言的敏感度因人而异,有的人即便被提醒"你被说得太过分了"也听不懂,也有的人非常敏感,对别人的话会有过度的反应。这时候,把语言理解为单纯的语言就好了,不要有自己独特的解释。

> "的确,这是一件漂亮的事情。而且,我想把这些漂亮的事情变成现实。"
> "如果您还有什么好的意见,请务必告诉我。"

当你觉得自己留给对方的印象是负面时,请试着设法让对方与自己的呼吸节奏保持一致。"总觉得屋里空气不太好,"我边说边打开窗户深呼吸,"让我歇口气吧。"我说了这句话后暂时中断了谈话。再比如,活动一下肩膀,大口呼气。又或者,试着慢慢地说,留出充分的停顿时间。这样一来，听话人也会停下来。最好的办法就是让听话人说出自己的负面看法，所以说话人尽量保持沉默，慢慢地等待。当呼吸节奏保持一致时，就会不可思议地创造出美好的空间。这就是所谓的配合默契。

总结 让对方说出负面看法，自己则慢慢地呼吸、等待。

有目的意识才能产生热情

● 一定要传达这个信息

在异国他乡的街上散步的时候，你突然感到一阵腹痛。剧烈的疼痛使你的脸上失去了血色，背上的冷汗像瀑布一样往下流。你既不知道医院在哪里，也没有自信能与他人流畅沟通。但是，疼痛越来越严重，这样下去你可能会死。这时，你会怎么做呢？你应该会抓住身边的人，用肢体语言向他拼命说明自己的状态。如果你想

第三章 传达信息的"看"的习惯

说的话能传达给对方,你去医院接受治疗的愿望也会实现。像这样,在生死攸关的紧要关头,无论是谁,都能发挥出超凡的沟通能力,向语言不通的人表达自己想说的话。

现在,我们从以下几个角度来思考信息如何得到准确传达:有逻辑的说话方式、叙事性说话方式、提问方式、倾听方式、对他人的看法、他人对我的看法。技能方面的内容,前文已经讲得差不多了。但是,为了让传达这一行为获得成功,除了技巧,还有一点很重要,那就是"一定要传达这个信息!"的热情。

如果这一点很微弱,那么无论你用尽多少技巧,都收效甚微,你的信息中没有蕴含能改变对方或促使对方采取行动的力量。这种热情只有在向他人传达某种信息的目的下才会产生。

我的公司支援在马达加斯加生活工作的日本女性。助产士牧野女士虽然已经年过70,但仍然精力充沛地每月接生100个婴儿。"我不想回日本,这里是我的归宿。"她露出灿烂的笑容非常自然地说道。

回过头来想想,我们平时是怀着多少强烈的目的意识和使命感来向对方传达自己的想法的呢?例如,销售员的工作就是销售商品或服务。那么,有多少人会将此视为自己的使命,抱着"一定要把这个商品和服务的优点传达出去"的强烈的目的意识去拜访顾客呢?如果有一定要将信息传达给对方的强烈热情,即使语言不通,也能将想法传达给对方。在此基础上,如果掌握了表达的技巧,即使与对方语言不通也没问题。

让我们回顾一下绪论中提到的科室会。如果像下面这样说的话,想必会有更多的员工可以理解委托任务的意思,并欣然提交报告。

> "大家可能认为有几个人向工藤董事报告完后这件事就顺利结束了,但是,我希望更多的人能直接参与进来。我们每个人的声音汇聚在一起,更能传达出我们公司和商品的魅力。我想抓住这样一个绝好的机会。为了能最大限度地收录、总结大家的报告,我希望大家能认真地把自己工作的想法写成报告并按时提交。我保证工藤董事一定会一一过目,从报告中体会大家工作的辛苦与喜悦。请大家在下次科室会前提交各自的报告。"

第三章 传达信息的"看"的习惯

这样说怎么样？如果运用技能 1 中学到的 4W1H 结构之后，再来传达这样的任务，听众的印象会产生很大的差别。

技能 1：明确自己想说什么。

技能 2：用自己的语言表达。

技能 3：询问对方的意见并活用。

技能 4：感受对方的表情、反应并倾听。

技能 5：尊重对方的工作。

技能 6：不是为了自己，而是为了公司和大家而行动。

这样更能传达给听话人。

● 为了传达信息，应该怎么做

至此，我们共介绍了 3 个习惯和 6 个技能。内容包括那些你觉得自己已经做得很好的部分，也有觉得自己不擅长的部分。当你感觉自己没能准确传达信息给对方的时候，希望你能明白自己到底欠缺了什么，也许你不是欠缺一个技能，而是几个技能。

在本书的最后，我之所以要以热情而不是技能来结束，是有理由的。无论是你意识到这 6 个技能的必要性，还是想要掌握这 6 个技能，或者想要灵活运用这 6 个技能，都无非是因为你有"想要传达"的强烈想法。从这个意义上来说，为了传达信息，有"我想传达"的热情是非常有必要的。有了热情，才会想要跨越"大脑鸿沟"和"心灵鸿沟"。

传达的最终目标是让自己想要传达的内容与对方所接收的一致，并将其转化为行动。为了让他人行动，自己必须先行动起来。请一定要养成想要传达更多信息的习惯，而不是"差不多这样就可以了"。同时，我也希望有越来越多的商务人士能够对自己的表达能力充满信心，开拓自己的人生，展望所属公司和社会的美好未来。

第三章 传达信息的"看"的习惯

专栏 6
咨询师道歉的力量

道歉的速度越快，越能传达道歉人真挚的态度。想必你也有想逃避道歉的时候和因为没有即时道歉而产生很大误解的时候吧。不管怎么说，你应该先下手为强，越拖延，精神上的负担就越大。

遇到问题的时候，最能看到人的力量。想要从事情中学习的人会一直进步。另外，周围的人都会想跟着自责而不是责怪他人的人的步伐行动。也就是说，不逃避，直面问题，才能提升作为解决问题的领导者的能力。但是，不管什么事都去道歉是不行的，应该明确自己应该道歉的原则和应该坚持的道理。

首先要明确对方为什么生气，是实际发生的客观事实，还是当事人的主观想法？是对事实本身生气，还是对公司（员工）的应对方式生气？对方要求的是金钱上的赔偿，还是精神上的道歉？当然，对对方的成见是不可取的。即使这个人曾经恶意投诉过我们，这次也可能真的是我们有过错。每一次的应对都不一样，自以为是的主观臆断是很危险的。

首先，请仔细倾听对方生气的事情，对于让对方心情受影响的事情，以及作为客观事实造成的损失，请进行诚挚的道歉。但是，如果存在误解或曲解，不解释清楚就支付金钱，对双方今后的合作关系都不利。如果为了其他顾客而无法满足另一个顾客要求的情况下，贯彻公司的政策和社会的情理是很重要的。如果在这里发生动摇，"怪兽"顾客就会出现。其他员工和顾客其实一直在关注着你，能否以毅然决然的态度面对不讲道理的人。